唤醒

一个小学校长的教育札记

周艳 著

代　序

唤醒的过程

在柏拉图的一则寓言里，生活是一个充满幻象的洞穴，只有走出洞穴的哲人才能洞悉生活的真相。因为爱与责任，哲人不仅自己认清了真相，还要带领众人一起走出洞穴，即便这意味着要受到世人的责难。这则寓言激励了许多人，也包括周艳。我们众多的中小学校长，目前面对的教育也是一个充满幻象的洞穴，他们已经或正在意识到自己的责任，都在努力扮演走出洞穴的哲人。

在我看来，这是一本记录如何走出“教育洞穴”的札记，它思考和描述的是教育怎样让灵魂与美苏醒的过程。

就这种苏醒的目标和过程而言，“唤醒”是作为教育的根本出发点而存在的。年幼时的苏格拉底有一次问父亲，怎样才能成为一个好的雕塑师？父亲是闻名遐迩的石雕师，他回答说：“我并不是在雕刻狮子，狮子本来就沉睡在石块中，我只是在唤醒它而已。”其实，每个学生都如石块里的狮子，他们都有着自己生命内在的纹理与密码，那些固有的灵性是与生俱来的。教师的职责是雕琢他们并唤醒石块里沉睡的心灵，激活他们蛰伏的秉性与潜质。教育是一种自由的成长，谁也不能够代替这一过程，我们要做的是创设条件帮助孩子们成长，通过“唤醒”，最终让他们实现自我唤醒、自我觉醒，亦即实现所谓的“文化自觉”“教育自觉”。

我曾讶异于中国古画里的人物形象。在中国古画里，当人物出现的时候，我们看到的大多是简单线条勾勒出来的朦胧身影，那些人物表情模糊，甚至可以说没有真正的面孔，画里的人物永远是那么小，像蚂蚁一样，人被边缘化，以一种可有可无的形式存在于古代的审美关系中，人成为一幅画的点缀。相当长的一个时期，我们的教育也如同一幅中国古画。我们的教育处于各种社会关系之中，而教育的对象变得模糊，“这些人”似睡非睡或似醒非醒。我们常常在“办人民满意的教育”的时候，将孩子们看作千人一面的蚂蚁，他们不知不觉从教育的主体关系中退出。周艳说，她的“唤醒教育”实践，就是把“人”放在中央，培养“完整的人”。“完整的人”其实就是一个人之所以为“人”的状态和要求，它包括知识能力、健康的身心以及健全的人格等。因此，培养“完整的人”就是要把真正的“人”给找回来。

毋庸置疑，周艳的“和学生一起成长”，一方面是从教育大师们经典的作品中汲取营养，另一方面是从丰富的教育实践中从学生的成长中汲取营养。阅读作者关于“找回人、唤醒人”的文章，有的是一些案例，有的是一些理念，有的是探索性思考，有的文字甚至还有些絮絮叨叨，作者在这里成了一个慈祥的母亲，抑或一个极富责任心的姐姐。这些文字承载了周艳理性的思考与爱的力量，也见证了她使梦想变成神话的过程。如果你是周艳这所“国际生态学校”的一棵树，在每一个清晨，会有鸟儿优美动听的声音唤醒你，会有和煦温暖的阳光尽情拥抱你。同时，你将会有“一棵树的教育开悟”：“种树和育人竟然是相通的，两者的本质都是给予对象呵护、关怀，于育人而言，这种呵护与关怀就是让孩子们养成习惯、铸造品质。”

揠苗助长是病态的“唤醒”，或者说是另一种沉睡方式。“不能让孩子输在起跑线上”这一被无数人曲解而形成的中国传统教育的顽疾，早在宋代就引起过足够的重视。宋代废止了自汉代开始整整持续了10个世纪的童子科考试，建议废止这一制度的奏疏里说：“人材贵乎善养，不贵速成，请罢童子科，息奔竞，以保幼稚良心。”这对于今天受困于教育焦虑症、受困于揠苗助长的泥潭，忽视孩子的个人价值的我们，或许不无参考价值。周艳认为，教育是美好慢慢的苏醒，面对阳光生命，教育要和煦慢养，宁静慢养；唤醒的过程，就是让孩子自我反思、自我管理、自我超越的历程，那扇蓄满美好的窗户，由他们自己去推开，然后能发现更多的生命之美。

这样的周艳，其思维永远只能是教育思维，其思维一直处于尝试寻找新的教育灵感和教育叙事法则之中，就如那些极富语言能力的作家那样，即使是在不写作的日子里，他们仍然需要坚持阅读，试图保持对文字的敏感。周艳每一天每一刻都在用一颗挚爱教育之心阅读教育，因而也获得了非凡的“教育敏感”。我们翻开这本札记，教育的思考以蒙太奇的方式呈现了贯穿整个理念的一些动人片段：“飞旋的裙子”“那株无名树”“牵着蜗牛去散步”“走在冬至的雨里”“秋夜听风”“一夜箫声一世情”…… 每一个生活的场景、每一个生活的细节都是她思考教育、感悟教育、获得教育灵感的契机。

当前国内教育教学改革的浪潮一波紧接一波,各种“翻转”“探究”“合作”层出不穷，各种新名词、新模式、新理念令人眼花缭乱目不暇接，那些所谓的先锋教育家需要经常扮演革命者、批判家的角色，扮演不拘泥于传统、勇于向权威挑战的开拓者的形象，他们让教育不断处于“解放”的状态之中。我们与其把这些定义为“教育改革”，不如把它们看成是中西方教育思想的碰撞与激荡，看成是众多形形色色的教育思想累积的淤积中的一种宣泄与释放。我们怎样才能从容而负责任地面对我们的孩子们？中国今天的教育，无论是寻求回归传统，还是对西方现代教育的迷恋、逼近与模仿，或苦思冥想地渴望超越一切教育范式，都必须坚守教育的本质。周艳把雅斯贝尔斯的教育的本质意味着一个灵魂唤醒另一个灵魂融入自己的血脉，一直致力于以“唤醒”为使命，致力于把“人”找回来。“知行合一”的中国教育智慧，在周艳低调的“唤醒教育”实践中焕发出迷人的光彩。

探究思想之源几乎是每个教育者的职业习惯，我也试图在作者的文字中发现什么。《湖南教育》对周艳采访的一篇文章里，讲到了曾任18年校长的父亲对周艳的影响：“多年前，作为校长的父亲让童年的周艳深刻体会了教育人的使命感；多年后，已为校长的周艳更是在此正能量的基础上进行着理论上的探索。”这让我想起古罗马皇帝马可·奥勒留写给自己的那本书，奥勒留超凡的品格修养源于什么？翻开《沉思录》，第一句话便有了答案：“品质闪耀在良好的传承中。” 周艳从父亲那里学到的，是教育品质的传承，这让我印象极为深刻。

我在想，周艳在用自己的爱、责任和教育智慧践行“唤醒教育”，这又何尝不是对当下沉睡着的教育的一种唤醒。

不管教育领域的改革多么热闹非凡，也不管你是否乐于认可，那种漠视学生主体性存在而导致“完整的人”教育缺位的时代，还远没有结束。想起一句很流行的谚语：你永远都无法叫醒一个装睡的人。我们对当下教育的弊端有太多的讨论，怎样去改革也有太多的探索和思考。仅仅有清醒的认识是永远不够的，责任要求我们切不可闭上眼睛装睡，切不可妥协于当下的畸形教育并与之握手言和。“唤醒教育”最基本的前提是，作为唤醒主体的教育者以及教育相关者，我们自己必须真正醒着，才能用“一个灵魂唤醒另一个灵魂”。

是为序。

刘创①

2017年9月于南湖之畔聆湖轩

①刘创，湖南理工学院文学院教授，研究生导师，文化名人，享受国务院特殊津贴专家

目 录

CONTENTS

第一章 教育是灵魂的唤醒

第二章 用爱浇灌希望的种子

第三章 教育管理是塑造生命的艺术

第六章　人生路上的教育感悟

第七章　生命中的微笑与哀愁

第一章

教育是灵魂的唤醒

以“唤醒”为使命

——访华容县马鞍山实验学校校长周艳　　　　记者：黄珺　赖斯捷

周艳，省级骨干教师，岳阳市华容县马鞍山实验学校校长，曾获岳阳市十佳教师、岳阳市优秀教育科研工作者、岳阳市“最美女性”、华容县道德模范等荣誉称号。

教育是什么?

和很多教育人一样，周艳首先想到的，便是雅思贝尔斯那句深入人心的箴言——“教育的本质意味着，一棵树摇动另一棵树，一朵云推动另一朵云，一个灵魂唤醒另一个灵魂。”

“很美的语句，但是，我们真的理解它的意思吗?”她提出了疑惑。

多年前，作为校长的父亲让童年的周艳深刻体会了教育人的使命感；多年后，已为校长的周艳更是在此正能量的基础上进行着理论上的探索——

教育的使命是什么?

什么是“一个灵魂唤醒另一个灵魂”?

人为什么需要唤醒？

学校教育在其中又该履行怎样的职责？

……

种种问题萦绕在周艳脑海，从隐隐约约到逐渐明确。这是一个于实践中反思的过程，也是一个不断克服困难的过程。师生的纯真让周艳坚定了人性的美好，实践中的种种困难则在告诉她：很多美丽的东西都在沉睡，因此，需要有人去唤醒。

这里的“有人”，周艳称之为教育者。

“是的，美好被遮盖了。而唤醒，不是生硬地揭开那块遮盖的布，而是不留痕迹的、和煦的、慢的……”

把“人”找回来

记者：不得不说，中师教育，培养了中国较早一批最广泛的基层教育人。中师教育的成果——中师生，已成为当下基础教育界的中流砥柱。如今，走上小学校长岗位的很大一部分都是中师生。您也是如此。但是，追溯到童年，追溯到对于教育最初的感悟和情怀，您还是不一样的。

周艳：我是1996年从岳阳第二师范学院毕业的。的确，在我们那个时代，似乎是成绩优异的孩子才会去读中师。所以，我一直坚信，当年的那一批优秀的学生，无论怎样，都是对中国最基层的基础教育做出了较大贡献的。如今，他们经过十几年、二十几年甚至三十年的打磨，已然成为当下基础教育界的中流砥柱。

若说我的不一样之处，可能就是因为我的父亲也是教育人，且曾任了18年的校长。我的母亲也是老师，因此，我从小的志愿也是当一名教师。回到我们那个时代，可能很多人并非童年就定下了当教师的理想。

从小就明确地想当老师，并非是一位当校长的父亲所带来的优越感，而是父亲带给我的真真切切的正能量和使命感。犹记那时，父亲作为校长，经常需要一个一个地劝说做农活的老师们回去上课——老师的工资低，很多人更愿意在家务农。父亲几乎承包了全校学生的音乐课。村里的贫困孩子多，交不起学费的也多，垫付学费也成为他的日常。学校里的建设项目都是父亲亲自动手。我仍记得，有一次，父亲带着全校师生种杉树，我也被带上。十几亩地，小小的我则一边干活一边哭。那时的生活基本都是这样，但是，父亲从未抱怨。有人问他何以坚持，父亲的话影响了我一生——“能让一个孩子走出去，便是我们的无量功德。”“教育并不是一部分人的牺牲，成全孩子，其实也是成全自己……”

教育是一种正能量，是一种使命感，是一种“舍得”的情怀。这是我从小便有的真实感受。在后来的教育生涯中，我更对此深信不疑。

记者：使命感和“舍得”，很多人都懂，但是，要真正去做到却很难。它首先需要的，便是教育者认清教育的本质，认清自己在教育中真正所处的位置。

周艳：使命感和“舍得”，其实都是一种正能量。我非常不赞同的一点，便是把老师比喻成蜡烛，燃烧自己、照亮别人——为什么教育者就一定是牺牲的呢？我们这里所说的“舍得”，不是一种“春蚕到死丝方尽”的自我牺牲，而是一种更高的境界：成全他人，也就是成全自己。扪心自问，我们每一个教育者是不是都因为自己的付出而成长，是否自己也收获满满？因此，我们首先要弄清教育的本质，即对教育者而言，教育其实是向己的、利己的。而有了这样的定位，你就会真正体会到作为教育人的一种使命感，你的整个教育人生也会充满着正能量。我相信，一位内心充盈的教师自会给孩子带来阳光，带来有爱的学习体验和生命引导。

记者：教育始终是“培养什么样的人”和“怎样培养人”的问题。我们现在越来越强调培养“完整的人”，这是从教育本质出发所做的对教育的诠释。您如何理解？

周艳：我曾经在农村学校工作多年。彼时彼地，我所感觉的，是学校开课几乎完全来自国家的指令，很少想过这个地方特有的、孩子特别需要的东西，很少去思考孩子的真实需要。其实，这也就是没有完全把“人”放在中央。当然，这是受时代和当时条件的多重限制的。把“人”放在中央，其实就是说我们要培养“完整的人”。如今，很多父母倾向于培养“精英”，却很少去想自己的孩子首先是不是“完整的人”，这也是让人悲哀的。“完整的人”其实就是一个人之所以为“人”的状态和要求。它包括健康的身体、健全的心灵、有能帮助自己和他人的技能等。因此，培养“完整的人”其实就是要把真正的“人”给找回来。把“人”找回来，就是我们教育者的使命。

记者：当下，我们国家提出要加快“核心素养体系”建设，明确了学生应具备的适应终身发展和社会发展需要的必备品格和关键能力，突出强调个人修养、社会关爱、国家情怀，更加注重自主发展、合作参与、创新实践，这其实是对新时代“完整的人”所提出的更高的要求。您怎么看？

周艳：教育与时代密不可分，却又是人类社会的一脉相承。毋庸置疑，“核心素养体系”是在新时代对培养“完整的人”所做的科学的诠释。而如何将其具体落实到小学教育，我们也一直在思考。我们认为，小学教育的理想应该是立足生命存在，为生命成长点燃活力、积攒力量、养成习惯、铸造品质。对此，在马鞍山实验学校，我们提出要培养“马鞍”气质的人，即知感恩、懂礼仪、爱阅读、敢进取、能创新、会生活的人。这是一种呼应，也是一种深度思考。现在，学校作为岳阳市首个启动“国际生态学校”创建的单位，更是把生态育人的理念渗透到学校管理、校园建设和教育教学工作中。收集一张废纸、回收一个废弃牛奶瓶罐、节约一度电、爱惜一滴水、拒绝一次性碗筷也许是微不足道的事情，可孩子们每天都在坚持着，并且把这些点滴环保行动延伸到家庭，感染着乡邻，影响着社区，并改变着教育的明天。

唤醒那“一罐子”美

记者：您多次提到“唤醒”，并将其贯穿于您的整个教育人生。这样的理念从何而来？人为什么需要“唤醒”？

周艳：我一直在思考雅思贝尔斯的那句话，教育为何是一个灵魂唤醒另一个灵魂？ 2009 年，我去到一所乡镇中学当校长，遇到了很多难题。其中，让我感触最深的，是一位老师的转变。因为家庭变故，这位老师的性格突变，在工作和生活中十分敏感。为了改变这样的状况，我做了一些力所能及的事：过年过节时，我会带着自己的女儿、爱人去那位老师家拜节；我奔波于整个县城为这对家庭变故的夫妇募捐……直到某一天，那位老师和她的爱人站在雪地里面、手中端着为我亲手煲的汤、放肆大哭时，我深深感受到了每个人心中的美好。这样的美好是每个人都与生俱来的，只是因为后天的各种原因被遮蔽了。美好是需要有人去唤醒的。那便是我的“唤醒”思想的起点。因此，在当时的乡镇中学，我提出了“快乐校园”的理念，以爱育爱，以乐育乐。我希望那里的每位师生都是快乐的，用快乐来唤醒每个人心中的美好。

记者：其实，把“人”找回来的过程，就是“唤醒”的过程。我们要让孩子成为美好的样子，作为教育者，就该致力于让这样的美苏醒。而落实到学校教育，便是要以课程与活动来落地。

周艳：是的。每个孩子都有自己珍藏的“一罐子”美，教育就是让美苏醒的过程。只要我们愿意付出细致与真心，每一个孩子都可以成为奇迹。正如你突然发现街头的垂柳如烟、灯火如流，而讶异于不知身在何处时，请你始终相信孩子能给予我们惊喜。唤醒，毋庸置疑，应是慢的、不留痕迹的。落实到学校教育，便是要通过课程与活动来慢慢浸润孩子的心田。

在马鞍山实验学校，我们为孩子开设了“校园文化十节”。这些“节”，与培养铸就学生的品德、素养、技能相对应，分别是元月艺术节、二月感恩节、三月风筝节、四月礼仪节、五月孔子节、六月科技节、九月体育节、十月读书节、十一月民俗节、十二月安全节。我们将文化节的每项活动有计划地贯穿于学校全年的教育过程中，润物无声地将教学常规与行为习惯、学生兴趣与学生素养、活动体验与能力发展、学生品德与家校联动等有机融合，让全体师生浸润在“净、美、雅”的校园文化气息中。如，三月风筝节，我们设置了“追根溯源话风筝”“心灵手巧做风筝”“天高云淡放风筝”和“兴高采烈忆风筝”四个环节。“追根溯源话风筝”通过丰富多彩的主题班会收集关于风筝的诗句、故事、名言等，然后在班级中分享；“心灵手巧做风筝”就是大家亲自动手制作自己喜欢的风筝，评出的精品风筝在文化节展示厅布展；“天高云淡放风筝”就是学校组织的放风筝比赛，各式各样、五彩斑斓的风筝漫天飞舞、生机无限，呈现出一片“忙趁东风放纸鸢”的快乐景象；“兴高采烈忆风筝”就是每位同学把亲身经历风筝节的体验和感受用优美的文字自己描绘下来，留作美好的回忆。

我们希望，通过设置孩子们真正喜欢、需要的课程和活动，来唤醒孩子本能的东西，让他们成为自然的、会跳、会叫、会新奇的孩子；来唤醒一个人本应有的对美和优雅的追求，让他们成为温暖的、充满爱的孩子。每个人都有“一罐子”美，教育之美在于唤醒人心之美，在于长成自己固有的美，在于成全他人的精神美。

记者：唤醒的过程，就是让孩子自我反思、自我管理、自我超越的过程。而真正的教育，就应该激励和引导学生走向自主发展的道路。

周艳：郭思乐教授曾经这样描述，教育原本似乎是课堂之事，但我们却从中体会到了天地之和煦，人情之至美。在此咫尺之地，孩子们真正地创造，敲击未来之窗，从而豁然开朗。要坚持让学生自己开窗，因为每个蛹都要自己化茧成蝶，这是对教育最朴实的要求。

曾经，在推行一项新事物，如学生小组合作或者翻转课堂的过程中，我听到有学生说："我才不需要呢！"对此，我进行了反思：人的成长在于主动发展，如果内心不需要、不主动，这样还算是成长吗？这其实就是在告诉我们，在课堂教学中，我们应该尊重每一个生命个体，珍视他们学习过程中的独特感受和体验。如此，孩子们才能真正地创造。因此，在马鞍山实验学校，我们让学生感受到自己真正是课堂的主人，注重从张扬"人"的"个性"角度去重构课堂教学的组织。譬如，在课堂上，我们充分保护学生说话的权利和欲望。教师讲课时，学生可随时发问，因为等老师讲完课，可能学生提问的激情没了，兴趣也跑了。三（5）班的刘卓老师曾经告诉孩子，"以后我的数学课上，你们可以坐着回答问题，可以随时打断我的讲课向我提问"。一次，杨有胜同学答对了一道应用题，他十分高兴，对老师说："我真骄傲，我要唱一支歌。"就这样，数学课上，歌声飞扬。彼情彼景，让我看到了最美的教育。

记者：马鞍山实验学校倡导"阳光生命，和煦慢养"的育人宗旨，为什么？从字面意思理解，"和煦慢养"是过程，"阳光生命"应该就是培养目标。

周艳："阳光生命，和煦慢养"是我在2012年提出的理念。当时，我带着学校的孩子们与聋哑学校的孩子进行手拉手活动。在路上，孩子们开始抱怨了："我们为什么要和残疾人做朋友？"我陷入了沉思。稚嫩的孩子们会有这样的想法，必定不是来源于他们自己。这说明，我们的教育是有死角的。我理想中的教育是无死角的、包容的、温暖的，是一种轻柔的唤醒。于是，我想到了阳光。我希望，教育如阳光，洒向世界的每一个角落；教师如阳光，去温暖每一个纯朴的心灵；孩子如阳光，学会用自己的行动去唤醒更多的人。

我呼唤把“人”找回来，这样的人其实就是“阳光生命”。而如何把“人”找回来，就是以“唤醒”为方式的“和煦慢养”。“和煦慢养”其实是对生命的尊重。它体现着对教育规律的遵循——无论何时何地，了解童心，尊重天性，蹲下身子，真诚温馨地与孩子对话交流，这才是教师对教育规律的生动诠释。

（该文发表于《湖南教育》A 版，2016 年 8 月）

阳光生命 和煦慢养

郭思乐教授曾经这样描述："教育原本似乎是课堂之事，但我们却从中体会到了天地之和煦，人情之至美。在此咫尺之地，孩子们真正地创造，敲击未来之窗，使之豁然开朗。"坚持让学生自己开窗，因为每个蛹都要自己化茧成蝶。这是对教育最朴实的要求。真正的教育应该是激励和引导学生走向自主发展的道路。我们要坚持让学生自己开窗，让教师在这个历程里获得共同成长。

教育是坚守而为的发生处——去急功近利为生命滋养。

在我看来，教师应坚持向已性，坚守而为，从而获得职业的丰润。一味强调教师的奉献精神，将只需肯定无需提倡的事情作为行为准则，甚至道德规范，会扭曲更多的灵魂去漠视幸福。所以，我们不希望教师带病坚持工作，也不期望教师倾家荡产来资助学生。坚持良知，以大爱做小事就够了。一位内心满足盈润的教师自会给孩子带来阳光有爱的学习体验和生命引导。

在我看来，教育应该坚持遵循规律，珍视时机，尊重生命。孩子们的天性是烂漫活泼的，一个不愿走下讲台、走近学生的教师，收获的虽说是高高在上的满足感，但其课堂定是生冷的，其学生定是被压抑的苍白花朵。对生命的尊重，应体现出对教育规律的遵循，无论何时何地，了解童心，尊重天性，蹲下身子，真诚温馨地与孩子对话交流，这才是教师对教育规律的生动诠释。分析规律、研究规律、运用规律、珍视每一次教育契机，这既是对孩子生命的尊重，也是对自己事业生命的尊重。

教育是美好苏醒的生长处——去高效获取为宁静慢养。

我认为学校管理的目的不在惩罚，而在提醒；学校教育不是做产品，而是针对不同个体选择不同方式去唤醒；我认为每个人都有"一罐子"美，教育之美在于唤醒人心之美，在于长成自己固有的美，在于成全他人的精神美；我认为教育是在师者的人格感染、心灵碰撞、理解倾听、真诚激励中润物无声，不留痕迹地催发美好。

唤醒的过程，就是让孩子自我反思、自我管理、自我超越的历程，那扇蓄满美好的窗户，由他们自己去推开。

教育是情智共生的涵育处——去繁华热烈为优雅简单。

小学教育以发展人为基础，人的成长发展离不开阳光，充满阳光精神的教育理想是立足生命、激发活力、养成习惯、铸造品质，而身体、精神、文化构成了生命的底色。

我们应读懂学生的喜乐和需要。校园巡视中无意听到走廊内有几个孩子随意的对话，让我思而不安——“学校要开运动会了，我们也报名吧！”“我才不去呢！我又不是特长生！”孩子们真实的表露让我们审视学校活动开展的宗旨，难道常规活动的目的仅仅只为了逢秋成熟的那几个葫芦吗？肯定不是。我们通过问卷调查、走访师生找到了症结：首先得承认学生个性品质的多元化，契合需要开展活动；然后必须面向全员，让各个层次的学生能享受历练的过程，在获得结果的同时不经意间获得快乐的机缘！

我们应坚持活动与素养的接力。文化课不是孩子成长的全部营养，只有符合孩子们个性发展的活动才会让孩子们喜欢他们到过的校园，才会赋予孩子们的天性以灵动，才会让孩子们的快乐从童年起跑。

这就是以“校园文化十节”为主题的活动体系应运而生的缘由。这些“节日”，与培养铸就学生的品德、素养、技能相对应，分别是元月艺术节、二月感恩节、三月风筝节、四月礼仪节、五月孔子节、六月科技节、九月体育节、十月读书节、十一月民俗节、十二月安全节。“校园文化十节”自然融合在学校每月工作中，并形成了老师指导、学生参与、家长支持的良好态势。十个“节日”，像灿烂的阳光倾泻在孩子们身上，映照着他们的心田。

我们应找到礼仪与品格的契合点。对孩子的教育既要研究其天性，又要对其个性发展有意识、有计划地加以教育引导。做人先学礼，礼由心生，而后成仪。我们的“礼仪与品格”课程开发团队，开设以国学经典为基础，“礼仪规范、品质培养、人格塑造”为内容的礼仪品格课，包含行为引导的“礼仪节”、理念深化的“礼仪课”、品格形成的“课题研究”三个部分。教育引导孩子，使之知晓礼仪，塑造品格，培养温良有礼的小绅士小淑女，营造和美共生的校园人文氛围。

我们有理由相信，自主获取，自我品格形成，能让孩子感受到学习之乐；自主推开一扇窗，能发现更多的生命之美。

这不正是我们需要的“阳光生命”“始终积淀”“和煦慢养”之境界吗？

雪糕里也能长出理想

——小学生思想道德教育中应注意的问题

小学生的思想道德教育是学校教育的一项重要任务，要求教师根据学生的需要，遵循品德形成规律，采用言传身教等有效手段，通过内化和外化，发展小学生的思想、政治、法制和道德这几个方面的素质。思想道德教育是一种人格心灵的“唤醒”，在教育实践活动中，“唤醒”作为教育的一种手段，有哪些问题需要引起广大教育工作者的注意呢?

1. 理想前途教育忌空洞说教。

案例一:

课堂上老师正在进行理想教育，被老师询问的孩子一脸茫然，不知道“理想”为何物。老师启发：就是你长大想从事什么工作。孩子还是不敢开口。老师只好更通俗：理想就是你以后最喜欢干什么。孩子们开始七嘴八舌地回答，有的说开糖果店，有的说开游乐场，还有的说要做餐厅老板。五花八门的答案，无非是与孩子们的吃喝玩乐相关联。老师着急了，理想教育课堂预设的是“高大上”的志向，诸如为人民服务、为祖国争光等，孩子们说出来的目标如此“寒酸”，这堂课该如何“演绎”下去呀！所以老师们感叹，思想政治课是搞形式主义，学生不懂这些道理老师怎么教?

案例二:

田边有一对父子，顶着烈日收割麦子。路边传来“卖冰棍”的吆喝声，七岁的儿子舔着干裂的嘴唇，喊：“爸，我要吃冰棍。”父亲没有抬头，继续割麦。儿子走到父亲跟前，再次大声喊：“爸，我要吃冰棍！”父亲抬头，问：“为何要吃冰棍？”“我渴。”父亲严肃地说：“没有干活只能渴着。”孩子回到麦田里继续割麦，脑子里一直晃动着冰棍的影子，砸巴着嘴问：“爸，怎样才能吃冰棍？”爸爸指着孩子前面 50 米的麦子说：“干好你手里的活。”一直到太阳偏西，孩子才完成父亲留下的任务。父亲拿着冰棍递给了孩子，父子俩坐在田埂上享受冰棍带来的凉爽。

父亲问：“好吃吗？”“嗯。”孩子使劲点头。

“想不想以后能吃冰棍？”“想。”

“光想不行，要靠自己去做。”“嗯。”

“没有人可以帮你，你爸爸没有能耐，你怕吗？”“嗯，我不怕！”

“会很苦，比割麦还苦，你还做吗？”“做！”

“只有一条出路，好好读书，去城里读大学，在城里工作，就可以天天吃冰棍了。”

父子间的对话很直白，但纯朴之言在简单交流中不知不觉间变成了理想之籽，种在孩子心中，同时种进去的还有勇敢和坚持。

老师和父亲教育出发点相同，给孩子一个理想，可收效却天壤之别。原因在于，父亲立在孩子的需求里谈需要谈走向，老师却是站在课堂里看孩子的需要，忽略了“活生生的人”。孩子的世界里，本就是零食、玩具、童趣无限的世界，满足欲极低的年龄，他的理想不需要大道理、大思想，是他喜欢的就足够。所以，在进行思想道德教育时，要了解童心，尊重天性，从学生实际需要出发进行引导，如老师能够抓住孩子开糖果店、开游乐场的愿望牵针引线，定能像父亲引导儿子般水到渠成。

2. 解说核心道德素质，方式要变通，重点在领悟。

社会主义核心价值观学习中，人格教育很重要，也就是要培养“完整的人”；只是让小学生学“人格”，绝非易事。在促进小学生形成健康人格的过程中，教师如果始终采取虚对虚的名词讲解式的教育方式，恐怕到头来孩子不仅理解不了这些名词的含义，甚至还会对德育教育产生反感情绪。

案例三：

拍卖会上学“人格”

一名学习研究中心的老师为我们展示了一堂思想政治课的“易经”。人格是个人在一定社会中的地位和作用的统一，是个人做人的尊严、价值和品格的总和。但老师并没有解释这些道理。他将“人格”外显的关键词罗列出来进行拍卖。诸如高尚、友善、快乐、宽容、下流、小气、粗鲁等词。每个学生手上有500万的支票，10万起价，可以随意拍卖，支票用完为止。有几十个表达优良个性素养的词很快被孩子们拍下，老师开始采访一个花了500万拍卖到“高尚”一词的孩子，为何把所有钱都拿来拍这个词。孩子说：因为拥有这个词的人会得到大家的拥护和喜欢，我们愿意做这样的人。第三个环节是处理剩下的拍卖品。老师问“下流”这个词谁要，没人要。那降低起价，5万要不要？没有人要。那不要钱要不要？没有人要。那倒送100万要不要？孩子们还是不要。老师又开始采访了：这些词为何送你们都不要？孩子回答：这是坏行为，要被人指责，有坏习惯的孩子以后连朋友都没有了。

这是一个推己及人、变通领悟的教学方式，它让孩子们在活动中深刻读懂了个人修养、社会关爱、国家情怀，更加注重自主发展、合作参与、创新实践，明确了哪些可为哪些不可为，明白了做人该有的健康人格。有了这样的活动，又何需我们在课堂上费精力去阐述含义、禁止行为呢！

3. 学生行为规范重积累与习惯。

学生守则是学生道德建设的基本要求，通过日常行为规范，训练学生的道德思维与道德行为。2015年修订的《中小学生守则》“爱党爱国爱人民。好学多问肯钻研。勤劳笃行乐奉献。明礼守法讲美德。孝亲尊师善待人。诚实守信有担当。自强自律健身心。珍爱生命保安全。勤俭节约护家园。”非常浅显，贴合小学生的年龄特点和心智成熟度，更易于孩子在日常积累中形成良好行为习惯。

案例四：

马鞍山实验学校通过“七彩阳光星级少年”评比活动，将《中小学生守则》的内容设定为各种星星，如“学习之星”“文明之星”“劳动之星”“艺术之星”“健康之星”等，将“星级少年”分为五个等级，每晋升一级就能获得相应的星级勋章一枚，“五星勋章”为最高等级，每级晋升可以通过星星积累来完成。每月一小结评比，每期一总结表彰。通过日常积累，让学生形成了良好的学习、生活、运动、文明、诚信、守纪、交流、安全等习惯。

（该文发表于《湖南教育》A版，2015年3月，有修改）

坚守教育的本真

——赴北京小学考察有感

就如一个只会在纸格子上跳房子的小姑娘，一下子爬上了国际象棋的棋盘那般幸运。

初夏晴好的一天，我们走进北京小学，耳畔回荡着《让我们荡起双桨》的熟悉旋律。这所与共和国同龄、与首都同名的学校留存着几辈人的记忆，也留下了孩子们寄宿生活欢快的足迹。一群衣着整洁的孩子列队走过，留下了灿烂的微笑和礼貌的问候；又一群拿着各色笔记本的孩子笑眯眯地从长廊走来，轻轻巧巧，礼让他人，欢快无嘈杂。我不由得惊讶，这群来自不同家庭王国的“王子”“公主”在集体中何以能友好相处？

接下来的交流中，李明新校长告诉了我们一些事，北京小学 2011 年成立教育集团，一体两翼，一校多址。它也曾在改革浪潮中几度沉浮，却始终坚守着教育的本真。

先说课程实践那些事儿

远在十一中之前，北京小学也实施过学生自主选择走班上课，着实热热闹闹了一阵子。但实践后发现，孩子的兴趣很难稳定，今天选这里，明天去那里，造成管理和评价的不可操作；孩子们不能恰当地估计自身学习层次，一味地拔高选课，造成教学有效性难以保证；身在其中的孩子们有很多埋怨——健身为何不在早晨？为何我喜欢的魔方不开课？寄宿生的校园生活除了学习就没有别的了吗？等等。

李校长的思索如一泓清泉，从坚守本真开始漫溯。他说，教育实践应该符合教育规律，坚守教育为人的终身发展的价值追求，必须立足于基础性来谈人身心发展的完整性。

坚守本真就是对教育根本价值的呼唤。在这个价值目标下，“五养理论”为其提供了实践依据。

慢养——尊重规律，关照人生。具有生命的物种，要尊重其生长规律，不能简单地拔高。生理和心理不能同步发展，身体在前，心理在后，不能图快，不能走捷径。

牧养——开发资源，激发主体。不放任自流，要以草原牧人放牛羊的方式，先找肥美水草，让牛羊自由寻找水草吸取营养，牛羊才能长得更肥美。教育者要做的就是提供丰富的资源，吸引学生积极主动地参与到学习活动和实践中来。

顺养——尊重个性，因材施教。顺儿童天性，顺儿童个性，挖掘孩子潜能。不能把孩子培养成世俗的“小大人”，要让孩子有孩子样。

素养——注重日常，养成习惯。“素”指日常，儿童的素养不可速成，不可突击培养。衡量一个学校的好坏，只要看看校园是否整洁，秩序是否正常，交往是否文明，见面是否有笑脸。

调养——扬长避短，健康成长。要关注学生的和谐发展。缺什么就补什么，医者治疗之法，以慢为宜，不能随意去扬长避短。如赏识教育是在孩子不自信的前提下提出来的，文明礼仪教育是在孩子文明程度不高的现实中提出来的，但是不要用一种教育理论替代学校教育策略。

应该说，这是李校长在多年的工作中，通过观察、反思凝练出的教育理论。当理论与现实教育状况产生冲突时，他以“四课工程”为突破口找到了符合实际的教育途径，完成了大浪淘沙、去伪存真的辨析过程。

“五养理论”下的“四课工程”实践创新，是以“循四季”课程为“人本”航道，它的人本表现在——不改学制改学程，即四个半月的学科课程和两个半月的寒暑假实践课程。学校重新设定课程内容，按照四季来划分章节，开设“四季基础课程＋四季实践课程”。具体为：

春之动——律动健身课程；夏之静——读书实践课程；秋之思——科技创意课程；冬之品——传统文化课程。以“冬之品”为例，因为北方冬天格外冷，不适合户外活动，寒假相对较长，加之春节、元宵节都在这段，所以课程中涉及的多是“品鉴生肖”“品尝舌尖上的春节”等学科课程，以及传统的剪窗花、包饺子、画年画等实践课程，符合地域特点和人们的生活习俗。更重要的是，学生的学习延伸到了校园之外，学生素养的培养融入了家庭和社会的力量，加入了传统文化元素。这让我们不得不对李校长和他的团队心生敬佩，这样的课程哪个孩子还能厌弃？

“把人放在学校的中央”的行为方式大抵如此——让课程产生魅力，吸引人走进去，再以“牧养”的方式，让人在课程里找到自己真心喜欢的去钻研，或者找到缺少的去“调养”。教育“人本”所应追求的价值定位，是要面向全体，人人平等，因此学校教育不能失去社会化基础，不能脱离社会中的人群。北京小学这种课程设置在社会化中求得个性化发展实属明智之举。

再说教辅资料那些事儿

北京小学的家长也曾为教辅资料的事情纠结过。要减负，教师得控制作业量，学校也没有集体征订任何基础训练之类的资料。这可急坏了家长，他们一面额外去购买教辅资料督促学生完成，一面理直气壮地质疑学校这样“轻松”教育是何故。李校长调研发现，市场上以科目形式出现的成套的教辅资料，除了能起到完成机械重复练习的作用外，并不能解决更多问题。也就是说，这样的教辅资料，纯粹是买了个家长的心理安慰，却加重了学生的负担，无端给孩子的学习兴趣戴上了沉重的镣铐。几经权衡，北京小学从有限的办公经费中挤出一部分，以骨干教师为主体，开始编写各年级段各学科的配套练习册。编撰的练习册题量少而精，题型尽量迁移类比，以达到尽可能克服传统教辅资料的弊病，符合基础性、层次性、人文性的目标。这样的练习册统一印发，免费提供给学生使用，既不增加学业负担，又能让学有余力的孩子获得自我发展的需要。几个学期下来，使用效果非常明显，很多出版社要求买断版权。李校长说，练习册是北京小学学生独有的宝贝，我们无偿奉献给每个学生。每年暑假，北京小学教科研团队都会启动编撰练习册的工作。

这个纠结之果成为家长们最喜欢炫耀的资本，不花钱却拥有了顶级的教辅资料，他们对学校的热爱之情也溢于言表。这份获得也是巧于用“以人为本”的教育思想改变家长盲目的“以分数为本”的观念后产生的。我们最初对孩子们和谐相处的惊讶，此刻似乎也有了答案。

课程创新让教育思想落地履新，其中的曲折并不能一眼洞穿，它需要坚守，坚守教育本真，坚守发展规律，坚守慢养的历程，坚守素养的稳固生成，坚定梦想的方向。人始终在教育的中央，不急不躁不功利，依规依法见成效，这该是北京小学一行带给我的悸动，这份悸动里除了有解苦涩之味的良药，更有治苦涩之根的妙方。

都说唯有思想不能复制，如果抛开校情，把名校的“万花筒”单纯地搬过来实践未必有效，但有机会站在巨人的肩膀上仰望，可以让自己的教育思想站在一个尽可能高的起点。我的责任应该在鼎新，把理论和实际有机结合，产生符合实际的、丰富的、正确的教育思想和教育实践，把名校之光化成头顶那盏灯，始终“向着明亮的那方”前进。

（该文发表于《湖南教育》A版，2016年10月）

一棵树的教育开悟

湖南省华容县马鞍山实验学校创建“国际生态学校”，进行了“主题式”的绿化提质改造。教学楼前新种了6棵树，名为金桂，价值不菲。

奇怪的是，刚刚种下树，园艺师迅速地在树干外缠上密密匝匝的麻绳，并将坚硬的直木条用钉子固定在麻绳圈上。园艺师说这样做的目的是为了让树木顺着直木条生长挺拔，不旁逸不斜出。我恍然大悟，原来种树和育人竟然是相通的，两者的本质都是给予对象呵护、关怀，于育人而言，这种呵护与关怀就是让孩子们养成习惯、铸造品质。

首先，这种缚草绳借外力促成长的方式类比教育就叫“干预”，是通过约束行为而达到“你想要的样子”的生长目的，这种干预贵在及时。如果基础教育中的“人”就是这一株株小树，那么我们只有给予孩子明确适当的约束，才能引导他们健康成长。这种约束包括行动、言语的明确规定，以及学习和生活习惯的培养。如果干预不及时，会导致教育的成果陷入“疲乏困顿”的境地，到时候我们再去进行“矫正干预”就难多了。俗话说“三岁看老”，意思是一个人的发展空间从小时候就能大致预测出来。预测的看点是什么？就是看一个人是否有良好的行为习惯。因为一个拥有阳光健康好习惯的人才有机会获得更大成功。小学阶段正是孩子良好习惯和积极心理形成的黄金时期，这种干预变得尤其重要。育树的方式彰显出基础教育的首要职责——及时抓习惯养成，为孩子的未来发展和幸福人生奠定基础。

其次，草绳绑缚了三个月，还没有要拆掉的迹象，我有些担心钉子会长树干里去，急忙问园艺师：“何时可以卸掉这些束缚？”回答出乎意料，说要等树干长粗自己挣断绳索，以自由成长摆脱束缚，那时就能看到树木已经顺着一定的方向生长，不再需要借助外力约束了，可以自由了。

其实，教育者经常抱怨：行为习惯教育我们天天讲，时时抓，要个效果咋那么难啊！弄得好好的队列，训练得好好的阅读习惯，老师在时风平浪静，老师一转身就无影无踪了。也就是说，孩子的“自由”给不得。

这几棵树的启示教会我们：对孩子教育“扶”或“放”的时机要把握得恰到好处。人的行为在没有“生长在骨子里”时极容易走形和变样，这应该叫反弹。表面上是好习惯从孩子身上如小溪之水一晃而过、消失殆尽；深层次的问题是孩子心中对是非和美丑的判定无以适从，或者摇摆不定，他找不到正确的方向了！如我们明明训练了排队习惯，可有人不排队的时候，老师不讲评也不指出问题，那孩子就迷糊了——“原来不排队不需要受惩罚呀，那我以后也无所谓了。”问题出在哪呢？对孩子的教育干预贵在坚持。如果对孩子的干预过早地松懈了，刚刚形成的规则感就失效了，孩子心中的价值判断就会错位。

一个成人形成一种好习惯需要 21 天的坚持，于孩子而言却需要几个月，甚至更长时间的干预方能奏效，直至孩子在没有干预的情况下也能约束自我，在失去监管的前提下也能自律行为，让良好习惯能成为心底固有的素养，才能算水到渠成。孩子就如那棵树，能自己挣脱绳索，自己去掉无形的约束，才能自由地独立生长。熊培云说：“我不要天堂，我只要底线。”他诠释了“自由在高处”的内在含义：学校教育不能为了自由而遗失底线；基础教育的底线应该是和家长一起给社会一个健康的人，人的身体和心理健康才是一切幸福人生的地平线。也只有在不突破底线的情况下，才能有生命成长的自由。教育工作者不可推卸的使命是坚持把培养健康阳光良好的习惯作为育人目标。

最后，我们来看园艺师对树木生长干预实施的方式——捆绑住它的外干，并不束缚它的根基和内核，这是园艺师对树木点到为止的强制约束，也是园艺师对树木恰到好处的保护；既设定目标的束缚引导，又不设定生长范围的狭小定律。这就说明，实时约束和及时干预是必需的。尤其在孩子还没有独立人格和独立思想的儿童时期，给他必要的约束，才能让孩子明理，从而践行，形成良好的习惯。

在孩子教育的问题上我们一定有过“约束多了会死，不约束又会乱”的纠结，其实，你的纠结来源于了解不透彻。我们推行“赏识教育”，绝不是要求大家不能指出学生的缺点或讲评学生的行为，更不是要大家见人就用好言语去忽悠，遇事就以尊重人格为由去和稀泥。推行这个教育理念的原因是有很多学生没有自信心，需要赏识来鼓励他、点燃他的激情。我们不要用一种教育理念替代学校教育的针对性策略。如果教育失去了约束和惩戒，一味地放纵，一味地包容，育人效果将不得而知。所以，我们必须坚定不移地管，管行为规范，管文明礼仪，管规则秩序，管行为心理，让学生拥有好的学习和生活习惯；但大张旗鼓地“管”，不是让你用极端的手段来限制行为，只是如园艺师育树一样，既约束又保护，这个管的过程实际就是规则形成的过程，也是学生心中形成正确“三观”的开始。这就是基础教育者的艰难使命——以温暖的态度去轻柔地唤醒每个人心灵里美好的初心，为人的生命成长打好基石。

在一棵树的成长里明理、开悟。人的成长需要空间，并非放任自流；人的潜在能耐需要激励，并非不能惩戒；人的未来发展需要基石，并非唯分数定胜负，这些都与一个人的健康习惯成正比。有了健康好习惯，学习分数不会低，综合素养不会差；有了健康好习惯，情、智两点才能共发展。这是发展的基础，也是发展的第一要务。

（该文发表于《教师》，2016 年 11 月，有修改）

1比49

——也说家校沟通

一天晚上，我接到学生家长电话：“校长，我跟你打电话的意思是希望你明天上班就能处理这件事。”

原来，打电话的是孩子的爷爷。孙子先天性听力障碍，使用助听器辅助交流，外表看上去与常人无异。开学第一天，家长与班主任江老师进行了沟通，请求老师关注，要求班主任既把孩子的座位固定在第一排，又不能向其他学生和家长说明原因。第三周，按照班级公约，江老师实行座位轮换制，除了该名学生始终坐第一排外，其余按照规则挪动。结果这名学生从最中间被移到了第一组靠窗的位置。家长发现后焦急地和老师沟通，希望坐回最中间的位置，但江老师一直没有正面回应，解释几次后，家长觉得班主任不负责任，有点忽略甚至歧视他孙子。

电话挂断，我有些忐忑。

第二天，我随意走进教室，恰好是语文课，江老师的声音清脆，正带领孩子们读单韵母。我观察了片刻，发现那名孩子确实有些异样。让我欣喜的是，江老师在短短 15 分钟内不下 5 次站在孩子身边，抚摸他的头，提醒孩子听讲，或者夸大口型在他面前带读，或者请他站起来领读。那一刻，我如释重负，并在课后与江老师聊起了这名孩子。

江老师真是费尽心思，一方面要保护孩子自尊心，一方面又必须遵守“公平的游戏规则”，不让任何人觉出有人受优待——可以坐第一排，总坐最中间就没有理由了。这样两难的境地中，老师想出了法子——她在班队课时告诉同学们，班上有一个有着金耳朵的孩子，就像大耳朵图图般有特异功能，大家不能去碰，一碰就不灵了；他以后在教室里都坐第一排，因为他要用这个有特异功能的耳朵帮老师收集最美的声音，大家要谢谢他的勤劳；并且，江老师提前与所有任课老师沟通好，上课时尽量在这个孩子身边授课、指导、提醒。江老师说：“我可以静悄悄地去照顾一个特质孩子，但我的照顾不能因为特质而让其他 49 名学生感到天平有倾斜。”

当我把这一切告知孩子爷爷时，这位老者禁不住热泪盈眶。我想此刻他能把那些不放心揉碎化成水，把对师者的崇敬留在心底。

何止他，我更甚。我的泪在笑容里。

案例分析：

这个案例非常有代表性，它提醒我们思考一个问题：当学生家长提出的要求会影响班级公平时，我们应该怎样来做好家校沟通？

1. 变“说”为“看”。

以前有家长问起孩子的在校情况，班主任习惯于说“还好”“有进步”等话。家长听了，表面上是满意了，可心里难免嘀咕：到底是真有进步，还是老师的托词？为增加教师说话的可信度，让家长彻底放心，教师不妨变说为看，在家长来访时，准备些学生的资料，如让家长看看孩子的作业，看看孩子的测试卷，有条件的话，还可以开展半日活动等，让家长亲眼看看自己孩子在学校里的表现。

2. 变“被动”为“主动”。

以往，无论是教师请家长来，还是家长主动找上门来，教师都处于被动的位置。教师完全可以变被动为主动，平时多与家长联系、沟通，如在接受新班时，先进行普遍的家访，了解学生及其家庭的基本情况和家庭教育状况；平时经常通过家庭访问、书面或电话联系、定期举行家长座谈会等方式与家长互通情况，取得他们的理解、支持，而不要等出了问题才想起请家长。

3. 变“训”为“导”。

有些家长从来不愿意到学校里来，说是怕丢脸，这恐怕跟我们班主任的方法有很大的关系，部分教师习惯当着家长的面训斥学生，甚至个别教师还会训斥家长。其实，教师可以改变一下方式，以尊重、平等的态度对待家长，变训斥、抱怨为引导，如教给家长一些教育孩子的方法，指导家长正确教育孩子，引导家长看一些成功教育孩子的书籍等。

4. 变“孤军作战”为“多方合作”。

教育是一个合作的过程，教育学生不是班主任一个人的事情，需要各科教师的通力配合，以往班主任在和家长的沟通上往往是孤军作战，大小事情一人包揽。我们完全可以改变这一做法，让任课教师参与到与家长的沟通中来，比如说与任课教师一同去家访，让他们谈谈学生各门学科的情况，让家长对孩子在学校的表现有更全面的了解。

沟通方式的改变，其根本是师爱的升华，只有意识到了这一点，教育才会变得灵巧而有效，从而产生“神奇的力量”，去唤醒幼小的心灵。

（该文发表于《湖南教育》A 版，2015 年 10 月，有修改）

座位的魔力到底有多大

——由“我举手了老师也看不见”所想到的

早上，接待了一位来访者——近70岁的退休教师，为孙子座位编排的事情气喘吁吁爬上三楼到办公室反映情况，让我不由得紧张。老人家说：孙子不能坐在角落里，凭他多年做老师的经验，角落里的孩子常常被忽略，这样会严重影响他孙子的学习效果。我觉得老人家有些夸大其词，同一个教室，同一名教师授课，座位真能有那么大的魔力？因为没有研究验证，我没有做过多解释，只是告诉老人家，我们会科学合理地编排学生座位，学校会去了解情况，尽快解决好这个事情。

第一节课恰好有堂研讨课，带着这个“疙瘩”，我走进了课堂，选择坐在第一组最后一个学生的身边。整堂课，老师运用讲故事、唱儿歌的方法来激发兴趣，活跃气氛，通过同桌互动、小组讨论、集体评议等形式来“比大小”，并学会读写“等号”“大于号”“小于号”，大部分学生参与积极，课堂里好几个表现积极的学生获得了所有师生的啧啧称赞，但我身边这个孩子始终低着头在玩文具盒，或者看书本的其他内容，他前面的几个孩子也都如此，参与、合作、竞争都与他们无关，他们一直躲在“事不关己”的课堂里“自由自在”。听课的老师不断提醒这些学生听老师讲课，参与其中，他们滴溜溜的眼珠望我们几眼又“我行我素”了。但在教师布置巩固练习后，他们却不约而同地翻开书本，很快就完成了，继续沉浸在“地下活动”的快乐中。可惜，老师仍旧在预设的课堂教学中与讲台前的学生热火朝天，并没有在意这群处于“第二世界”的学生。我询问身边的孩子，你会吗？他点头后又摇头。我看了他的作业，很糟糕，只对了一道题。我心中有些不悦，问他不会为何不认真学，他抽搐了一下鼻子，又摇头。我教你好吗？他点头。内容简单，三言两语孩子就懂了，很快他完成了课后练习，我细细检查后惊喜地发现全部正确了。我对他竖起了大拇指，孩子昂起头笑了。最后检测评议环节，我鼓励他举手回答老师的问题，他不动，我去抓他的手，他使劲抽回去。“为什么不举手，你不喜欢得到表扬吗？”孩子低着眉说：“我举手了老师也看不见的。”下课铃声响起，学生欢快的游戏又开始了，我的心却在悠扬的音乐声里忐忑不安。

座位的魔力到底有多大？我问自己。“我举手了老师也看不见的”应该能说明一些问题。

从客观事实出发，孩子说出了很多次实践后得出的“真理”，说明他曾经积极参与，希望得到老师的教育和鼓励，但是若干次被忽略后他失去了积极参与的兴趣，不想再重复这样的行为；从心理学角度讲，他举手了老师也看不见，是他不被人信任、不被人重视、不被人关注的表象，这种结果熄灭了他的希望，他的渴望也随之消失了。所以，他用受伤害后得到的启发为自己找到了一个不举手的理由。尽管如此，这几个孩子还能不吵不闹，挺配合地完成了老师的任务，说明他们淡定地接受了处在“课堂盲区”这一现实。在这个被忽略就消沉、不被重视就破罐子破摔的社会状态里，让人不由得心生感激，感激他们的理解和接受。或许，这是我们成年人都无法坦然面对的残酷现实。

座位的魔力到底有多大？沉心反思，家长对学生坐在教室的哪个地方有如此多的要求是缘于何故？这句话也给教师一些明确提醒。座位的魔力大小是由我们教师自身在课堂上的有效关注范围决定的。如果教师视角里有“盲区”，关注出现不均衡，就会让座位产生极大魔力。如何减少这一现象的负面影响？除了“走下来”“俯下身子”外，我们是否还需要“放慢脚步”和“真心面对全体”？看风景得放松心情，放慢脚步才能一览胜景；教育学生也得习惯放慢脚步，学会等待，真心面对每一个队员才能美不胜收。教师完成教学任务固然必要，但我们以忽略关注部分孩子来达成目标，以丢下部分学生的参与来加快教学步伐的方法，都是有悖于教育方针的。真心关注每一个孩子，真心关注每一个角落，真心关注每一个细节，不留盲区，不留死角，是师者始终为之努力的职责。

座位的魔力到底有多大？用对这个问题的解答来考量教师职业道德和教学水平的话，恐怕有人会觉得荒谬。但如果我们能关注全体学生，让每一个学生在你的关注和引导下融入课堂中去，如果我们把提高课堂参与率，让每一个学生都在你的组织下历经知识的产生、发展过程，并能实际运用，那么，座位将不会有任何魔力。

（该文发表于《华容教育》）

遇见彼此真美好

初识周俊芳是在工作第一站——操军，她是平江姑娘，却有着一口流利的华容话，让人刮目相看。我们俩皆是接二连三地工作异动，几度分分合合，最终在马鞍又成为同事，可谓有缘。

算算她工作有18个年头了。18年，于人生长河而言，只是一小段；于工作经历而言，却是不可或缺的宝贵时光。我曾经惊讶于她的“懒”，懒得班级管理不用自己插手；我也曾惊讶于她的“闲”，闲得整天侍弄花草，研究菜谱。回头看看她的工作却一点不比别人差。看来，18年沐风栉雨带给她的是温暖人性的丰满，是和煦育人的反思和教育理念的提炼，这些让平江妹子的温润灵秀与华容学子的敏而好学有了最适当的结合点。正如朝阳下一树带着露珠的芙蓉，枝丫不那么高大，树干却很粗壮，根深深地扎进了土壤，才有了花朵次第妖娆灿烂。她就如那棵树，孩子正是那树待放的蕾。

教育绝不仅仅是知识的事儿

教育的核心是让知识成为素养，这靠的是知识与实践高迁移度的接力。我想，周老师定是深刻领悟了这个理。所以她和三（3）班的孩子们开始了自己管理自己的尝试，他们将已经懂得的平常规矩变成日常优雅的行为习惯，大到遵守公共秩序，小到微笑。自主管理让孩子能自律、宽容、协作，把静态的知识在现实的实践中“活灵活现”。她的特殊作业，让孩子们每周“学做一菜”，为的是有朝一日要独立，孩子们能喂饱自己，还能照顾他人，那一篇篇稚嫩的文章就是证明。如此，学习才能与未来幸福生活产生联系。让知识产生力量，孩子们拥有“马鞍气质”已经名副其实。

教育绝不仅仅是课堂的事儿

很多人认为：教育原本只是课堂之事，课堂方寸之地，学生能从书里乖，从知识里成长。殊不知天地乃是大课堂，它能让我们从中体会到自然之本真、人情之至美。只有在天地大课堂里，孩子们才能敲击未来之窗，使生命成长得更有质量。周老师深谙此理。

她带着三（3）班的一群精灵，循季节脉络，遵生命节律，春游追柳，踏青植树，明媚里放风筝，秋阳下爬山头。她跟孩子们说，“有阳光的日子，一起去走走”。他们走到了团洲，走到了益丰林场，爬上了桃花山，还走进了博物馆、读书吧、体育场，一直走到平江长寿镇南桥中心小学，自发捐助图书，建立友谊书柜；进行阅读推广，建立生态创建友好联盟；“爱的抱抱”让孩子们学会了关爱，“结对扶持”让孩子们知晓了责任。自然万物散发出的新鲜，广阔天地里无拘无束的自由，给孩子的不仅仅是“一串脆亮的笑”，也不仅仅是“我还要来”的愿望，最重要的是在他们心中种下了爱——热爱这个美好多姿的世界，喜爱我自由的学习生活，关爱我的伙伴和有生命的一切。正如三（3）班李翔同学所说：“平江之行，让我一下子长大了很多，我要更加努力，走更多的路，做更多的事。”这些是课堂上能达到的吗？

教育绝不仅仅是老师的事儿

培养一个完整的人，需要父母、老师、社会伙伴三者共同参与，任一缺位都会带来教育的缺失。三者的教育参与或者引导不得当，就会造成健康身体和阳光心理的缺失。我们的家校沟通一度只是为了协调关系，以便于开展学校工作。其实不然，家校交流的职能更多的是引领正确的教育理念，传递科学的育人方法，吸引家长参与到育人中来。

周老师和她的孩子们是幸福的，每次活动，都有家长的鼎力支持和倾情参与，无论是物质上的，还是精神上的。爸爸妈妈的参与，既恰如其分做到了安全管理，又恰到好处地给予了指导和鼓励。

三（3）班的家长是幸福的，你们的言传身教，让孩子获得的是成长路上的温暖，是拼搏路上的信心，是团队前进路上的加油站。这份获得，是陪伴的赐予，比金钱宝贵。或许，在你们手捧着《边走边写》这本书时，心底会由衷感叹：遇见彼此真美好。这也正是我心底想说的一句话。

我无法预测未来，但我相信边走边写、边写边思、边思边茁壮。在生命拔节的关键时期，周老师和这群孩子必将获得最美好、最有质量的发展。

借此感谢周俊芳老师，感谢三（3）班所有的孩子，感谢三（3）所有科任老师和尊敬的家长，为马鞍“阳光生命，和煦慢养”的育人之书翻开了崭新的篇章。

〔该文为学校三（3）班学生的课外活动与写作作品集《边走边写》卷首语〕

立于现实看教育未来

托克维尔说：“当历史不再照亮未来，人心将在黑暗中徘徊。”在史实的长河里，我们沟通理性与心灵的两极，检视人类历史的进阶，由低级向高级演进，历史传统的珍贵与未来的愿景在哪里？

不妨让我们审视教育现实，辨明现实与未来的羁绊。

先看学校和教师方面。我们会发现学校承载的功能过于沉重，责任无限扩大；而教师承担的责任也日益沉重，经常需要承受无端的指责，处于随时准备着的疲惫状态，他们既是文化教师又是生活老师，既是保姆又是保安，既是训导者又是被训导者。学校与教师也已无法承载生命个体突如其来的变故和事故。同时，我们也惊讶地发现，教师起早贪黑辛苦劳作得来的效益竟然与孩子未来生活和发展没有多大关系，孩子们似乎进入了一个学了不需要用的、需要用的又没有学会的尴尬境地。这使得身在其中的教师越来越茫然：为何自己教育出来的孩子德行缺失，不懂感恩，没有责任担当，不会爱和被爱……于是，教师开始质疑自己的能力，开始迷惑职业的未来。

再看社会和家庭方面。现如今，社会对教育质量唯分数、唯升学的主观评判让教育无所适从，导致择校事件不断、民办教育普遍强于公办教育等现象，诸多混乱怪圈频生。伴随的是家庭和学校在教育观念上进行着持久的拔河赛，一直分不出胜负，苦了夹层中的孩子。家长思想观念的停滞，制约着教育效果的延伸，不可避免地导致5+2=0的“无效教育”严重发生。

如果我们细究现实的学校管理，就会发现这么一些令教育者忧虑的现象。我们会发现教育已经丢弃了依法治校的准则，揣摩与迎合成了现行学校艰难前行的态度。学校揣摩家长、揣摩学生的心思，为了追求一个满意度而开展工作，但孩子毕竟是孩子，心智还不成熟，以学生为中心势必不能绝对化。学生和家长都需要引导，需要在学校教师的帮助下明辨是非，接受新的教育理念和教育方法，学校不能简单迎合他们的心思而违背教育规律来办事，比如布置作业、布置劳动、安排活动。再就是行政干部揣摩上级的心思，只对上级负责，而非对教育规律负责，过多地迎合干扰了教育的正确方向，这样的迎合，时间一长，甚至违背了规律，迷失了学校办学的方向，失去了原则。

我们还会发现教育违背规律的另一现象，那就是只求苟安。我们试着分析这种现象的背后原因，会立刻发现求稳几乎成了所有教育干部的第一心态，不出事就是政绩，教育质量重心问题退居其次，行政管理人员想事谋事的积极性不高，教师善教乐教的积极性不高，长此以往，形成一种工作风气，势必影响教育质量的提高。在这种心态的支配下，学校片面抓安全，唯恐出事，不准学生搞户外活动，不愿让学生参加社会实践，无限降低体育运动强度，以致学生难以融入社会活动，难以与生活接轨，哪有快乐可言。

办学态度不正，教育管理就理所当然地失去了科学性，唯剩追求浮华。于是，我们就看到了纷至沓来的检查达标活动、分等定级活动，这些活动不可避免地在一定程度上影响了正常的教学秩序。正儿八经的检查，轰轰烈烈进行了一天，最后到底能为学校留下点什么？静心思考一下，似乎只是完成了一个任务，作假的心得倒是收获了不少。可见，这样的管理督导办法并不能真正体现一个学校的办学水平。教师和管理者在应付中耗掉了精力，在迎合中挫掉了锐气，只能在疲惫中干点本职工作，由此可想而知提升质量何其难。在这种浮躁的办学心态下，在特色办学方面，自然还衍生出吹一阵风的现象。现在流行“创建”两字，如品牌学校、特色学校、示范学校、文明单位创建，等等。学校负责人外出学习一趟，听一个讲座，就依葫芦画瓢拟出本校的特色创建，然后大肆推动，达不到目标时，就将责任归咎于师资水平不够、学校基础不好、上级资金支持不够等上面。这种创建带来的只是一阵风，风过，留下的落叶没有增添美感，反而污染了环境。再就是招生问题，每年开学，招生问题总是让校长谈生色变。阳光招生、规范办班标准是遵循教育管理原则的要求，是教育者、管理者都能知晓的道理，可为何一到招生之时，校长不得不关手机，不得不躲躲藏藏？为何这般难？因为打招呼要入学的人多。打招呼一般是因学生的入学条件有些不符合，但各职能部门的关键人物能遏制学校发展，还有其他各级领导或朋友给你加压。站在校长的立场，他不能开罪任何人，关键人物发话必须买账，职能部门必须买账，老百姓的正当要求也得买账。最后怎么办？不委屈别人就只能委屈学校，委屈孩子，50～70人不等挤到一个教室里。可大家还会看到的是，众多设施设备好的基础教育学校却面临着严重缺乏生源的窘局。

这些现象的产生反映出教育主管部门的办学宗旨不明，无法科学合理地规划工作，也反映出校长们对教育缺乏情怀，缺乏诚心，缺乏良知。这一切由特殊到一般的发展，让学校办学无底线，受制于人，教育丧失了自身的话语权，无法把握正确的方向，却受着功利、权势的胁迫，受着政绩或者迁升职位的跳板之影响，一味追求立竿见影的效果。如此，失去底线的同时，教育失去的是更多的自由。

最后来看学生方面。无责任、短规则、少他人、没公德、缺信心、差能耐、低情商，这串词道出的是一种“孩子病”。可怕的是这些“病”并不是个例，而是群体写真。有这么几种现象值得我们分析其背后的潜台词。

现象一：花瓶碎了，老师询问，孩子异口同声说：不是我干的！

现象二：喜欢同学的玩具，随手就拿回去了。

现象三：孩子玩耍时撞到对方，即使没有任何问题，为了表明自己痛苦使劲哭。

现象四：餐桌上有好吃的，尤其是自己喜欢吃的，直接抢着，不分给他人。

现象五：家庭聚会孩子是皇帝，大叫大喊无规矩，熊孩子吵得其他的宾客无法进餐。

现象六：学校花圃里花儿绽放，孩子们掰下一枝到处炫耀。

从这几种现象中，我们能一目了然地洞穿孩子们的潜台词：逃避责任，不主动解决问题；心中无规则；心中无关爱，不会交流；自私自利，以个人为中心；不懂礼仪；不知公德，不爱护公物。诸如此类的难题和困惑，让教育实践者在寻梦之旅中顿足捶胸，频频回顾，不禁质疑：我们周全照顾、全心教育的结果怎么会是这样？

这不得不引发教育人思索：教育到底要带给人什么？基础教育要担负起哪些责任？我们又该如何在现实与梦想的虚幻之遥中去实现最初的需求。也许，我们可以认真思考，能否在学校管理的两端着力，学哲学的辩证统一。

学校管理中的辩证认识，是校长和管理人员应该把握的。譬如期望和现实、顶层设计与底端执行。传统与创新的矛盾始终存在，如何在两者之间找到最佳着力点、平衡点、契合点，应该是教育问题的关键所在。

一、期望和现实

教育承载的希望是民族之魂、社会之负、家庭之望。当前，三者都用“权威”的眼光来神化教育功能，用“理所当然”的心态来评判教育的职能，我们无疑是经不住考验的。应该说，现实的教育一直在挣扎，体制改革的挣扎，课堂教学改革的挣扎，考试方式变革的挣扎，教师待遇的挣扎等，让教育始终戴着镣铐在刀尖上跳舞。教师或许能忍受在刀锋舞动的短暂的疼痛，可无法长期在生存边缘做精神胜利式的自我安慰。怎样在期望与现实中找到着力点？答案应该是精神引领。认识客观的压力，用精神疗法去坚持该坚持的，改变能改变的。

二、顶层与底端

最有效的管理在校长的理性思考。最重要的事情有两项：一是顶层设计，二是底端执行。校长既不能沉迷于无所事事的玄思，也不能纠缠于细枝末节的琐碎，更不能成为学校生活的“悬浮物”，上不着天，下不接地，看似什么都管，实质上什么都没管好，应该在顶层设计与底端执行“两端”着力。

学校的顶层设计，是从核心价值观出发的思考，是从这个“内核”散发出去的系统思考。顶层设计不是孤立地思考，而是进行关联性的思考，一致性地回答学校信仰、办学理念、核心价值、发展愿景、培养目标等一系列问题。进行这种顶层设计，必须面对错综复杂的学校环境与社会万象，站在全局性、整体性的高度，跳出具象看本质，正确判断，智慧提炼，进行顶层设计，从而引领学校发展。顶层设计的好坏，直接决定一个学校的办学品位的好坏，因为这最有可能透过现象看本质、透过个体看整体，将万千的现象进行抽象的上位思考。顶层设计也是一个过程，一种团队行动、集体反思的过程。

真正好的顶层设计，一定是从底端来的，也一定会回到底端去，“顶层”与“底端”相互滋养着。因为顶层设计不是一项一劳永逸的阶段性工作，而是要在实践中不断深化与调整的全程工作，学校必须立足学校最底端，与教师们一起并肩奋斗，“与教师一起做研究”。只有这样，我们才能真正明白问题，才能真正找到问题解决的方式，才能在对那些教育难题的共同研究中形成学校的智慧，才能与教师们产生真正的心心相印；学校的办学哲学、文化诉求也才能真正生动地“做出来”。

我们似乎有了一个新的命题：教育是生命的艺术，管理是塑造的艺术，生命的发生和发展，是从灵感和实践中寻找最佳的契合点，是把现在和未来进行连接的“轨道”，然后用行动力让它落实、落细、落地成真。这一切，在于你是否能“唤醒”沉睡中的美好。

遵循着：过程轨迹——丑时的思路，辰时清晰的规律。

遵循着：辨析轨迹——教育的愿景，应在高处；教育的理念，应在一线。

生命的生长需要静静等待，需要耐心守候，需要唤醒。

唤醒兴趣，天然乐读

与很多家长交流，他们和孩子不良行为习惯“斗智斗勇”的故事或者事故都传达着同一个困惑——“爱无力”。这种“爱无力”表现形式有二：一是有的家长越用力，效果反而越差，甚至适得其反；二是有的家长没有很多时间陪孩子，与孩子的沟通少，造成父母对孩子的教育失去话语权，效率低下。

我是一个“双休”妈妈，和很多不能长期陪伴孩子的家长一样，不具备情感交流的便利。因为工作关系，孩子4岁后就不在我身边，每周星期一到星期五我们都见不到面。即使是双休，由于生活琐事、工作应酬的牵绊，我和孩子在一起的时间也极其有限。

一段时间后，我发现孩子有不想与父母交流的倾向，显得孤僻少言，见到我后只睁大眼睛看着我，却不伸手和我拥抱，有想亲近却不敢接近的犹豫。要想很好地解决陪伴不够、沟通不畅的问题，首先是唤醒孩子内心深处对父母的信赖，让孩子知道父母是爱他的，只是爱的方式有些不一样。

对女儿“爱的唤醒”，源于和她一起读故事书——孩子阅读水平有限时，故事绘本能恰到好处地解决这个难题。《忘了说我爱你》中聪明豆的故事，让孩子学会表达爱，并且大声说出来；《我想念你》指出不要刻意回避孩子对父母的想念，我需要你，但是你却不在，当我想念你的时候，我知道你就会回来；《一口袋的吻》中爸爸妈妈给的一口袋的吻，让孩子疏解分离的焦虑。每次出门上班，我都会跟孩子拥抱着说再见，并明确告诉孩子，妈妈第几天会回来看她，许诺带新的故事绘本给她。渐渐地，孩子会模仿故事绘本上聪明豆的做法，向我回应“我很想你，我也爱你”的情感；遇到不能排遣的伤心，孩子会主动要求打电话给我，说出她心里的想法，听见我的安抚后，会很开心。当孩子确信父母很爱她，并且不再为暂时分离而焦虑时，孩子的性格就开朗了，胆量也大了。这份唤醒是一种行为指引、情感确认，通过书籍里的虚拟人物在幼童的世界里播下了信赖和理解的种子，更重要的是孩子已经从书籍里得到了成长的力量，对书的亲近不再需要强制引导。

上学前班时，我和孩子商量后决定“用笔来说话”。我们各自准备了一个精美的笔记本，当我们无法见面又有话想说的时候，就写在本子上，回到家中再交换阅读。笔记本上会记载分离的感受、学习生活的收获、对一些事情的看法、不高兴的遇见等，时间不限制，字数不限制，文体也不限制。就这样，你一来我一去，越写越有兴趣。起初，她只是几行字，渐渐地就增多了，语言生动了，有表现力了。有时候我们还会就某个话题同时写，比一比谁写得更好。如果能够超越既定的字数，或者获得我的赞许，她就能赢得心仪的玩具和书籍的奖励。这个“用笔来说话”的游戏持续到了初中毕业，现在我的孩子上高中了依旧很喜欢练笔，尤其是对细节描写有独特视角，场景描写细腻生动。孩子小学时参加全省作文竞赛获得了二等奖，中学时考场作文几乎都是优秀。现在孩子功课多，每周还是会饶有兴趣地写上一篇，说为以后写小说留下素材。

其实，每个孩子内心深处都潜藏着“我要做好”的良好愿望。“求真”“向善”“追美”的种子是否能钻出沃土，萌芽开花，就看他能否在成长过程中不断得到积极的正面的唤醒。读接近他认知的，写他熟悉的，练笔关注与生活和情感相关的，再给予正面持续的唤醒，才能让“真善美”开花结果。

孩子喜欢读书，这种兴趣并不是天生就有的。“读书应当是喜欢读就读。”这是著名作家金庸的话，言下之意就是想读的时候可以尽情尽兴去读，不想读的时候可以唱歌、画画、玩游戏，做自己想做的事情，这叫随性。随性并非“无为之治”，只是要去掉那些为了一个明确的写作目的而去旅游，为了完成任务而在规定时间坐在桌前读书，规定他们读书的页数，还必须写读后感的做法。目的性太强，就会遏制孩子的读书兴趣。我们最需要做的，是唤醒阅读兴趣，增强阅读乐趣。兴趣的唤醒靠的是“读我喜欢的，用我喜欢的方式读”。

读书习惯可以传递。孩子四岁前，我们有一个固定的项目——睡前听书。

因为识字不多，我读她听，从《东方宝宝》到《东方娃娃》，每一期的故事和诗歌我们都认真读，声情并茂地读。朗读的声音里有文章的一半生命，这话是不假的。孩子听得如痴如醉，然后开始模仿朗读。五岁以后，孩子基本能够识字了，我就选择拼音读本让她自己读，遇到诗歌还请她表演读。我特意置办了两个床头柜，摆上台灯，上面有意放上很多适合她读的书，伸手就可以拿到。每个双休，我会择时开始阅读，并用笔做上标记，读到精彩处会情不自禁地大声朗诵，被书本内容感动时会掩卷沉思，热泪盈眶。起初她只是好奇地看我写写画画；后来她也会拿上一本书看看、画画，在床头柜前开始阅读，并摘抄她认为好的片段；再后来，习惯成自然了，她每天在睡前读书，并且不读就会难受，甚至格外喜欢在读后就某个人物、某个事件写出自我感悟，积极与我讨论。

读书应该有一个喜欢的环境，可以在书店，可以在德克士，可以在床上，可以在玩耍中，可以在游戏中，并不是静悄悄的才是读书。我和孩子在家时喜欢在电脑房读书，一把转转椅和一张小板凳，边读边讨论，累了就吃点零食，乏了就跳跳绳。我们也在德克士读书，她吃鸡翅，我喝可乐，边享受美味边读也很舒服。尽管人很多，声音嘈杂，但并不影响读书效果。我们还到书店读书，坐上半天，安静品读，或者和很多小朋友一起读一本书，边读边讨论。我们在床上读书的时间最多，午休时读篇文章后小憩一会，睡醒了起来询问读懂了什么，学会了什么，什么印象最深刻。上周六我们读了泰戈尔的《金色花》，她很喜欢文中描述的那个淘气可爱的孩子。因为彼此的深爱，孩子和妈妈才有了快乐的嬉戏，晚上读篇文章互道晚安，充实而有收获。

读书还要给自己一个喜欢的方式，不需要正襟危坐，不需要固定模式，完全是率性所为。读书时可以朗读、摘抄、剪贴、赏析，也可以自己仿写，无论哪种方式，只需要自己真心喜欢。我和孩子交流得最多的是方法，先不着急怎么去写，而要明白如何去读懂。记得她三年级时，曾经在“用笔来说话”

活动中写下这样一段文字：你说，我喜欢你的呼吸，我喜欢你的影子，我喜欢你坐在灯下的样子；你说，我喜欢你在电脑前的眯眼睛，我还喜欢你上楼梯的脚步，我最喜欢你一回家，一打开门就叫“小宝”的声音。我很随意地给孩子读，还夸张地摇头晃脑。结果三分钟后，我看到大滴的泪珠从她眼睛滚落，她通过文字读懂了我的心思，她说：“妈妈，爱可以不用‘爱’这个字来表达。”所以我从不怀疑，唤醒美好的人性是可以通过阅读来完成的。

教育的最终目的是把人的创造力量诱导出来，将生命唤醒，而阅读是不可或缺的途径。我家最多的是书籍和布娃娃——孩子最喜欢的两样。家里专门留了一张床给娃娃住，专门留了一个房间码书，孩子可以随时拿到她所需要的书籍。老师布置的作业，办手抄报查找资料，都是她自己在书籍中去寻找和筛选。起初也只是直接抄录书本文字，后来就模仿着删减浓缩，再后来就能丢开书本自己创作手抄报内容了。这样的事情，我们不会帮忙代办，尽管会弄得满屋狼藉，花费很多时间，可是孩子在找资料的过程中认识了书籍分类，学会了区分书籍，在书籍中学会了有自我。每年年前我们会对书籍进行一次整理，读过的不想再读的归档到第三层，读过的还想再读的放在书柜第二层，还没有读的放在第一层。布娃娃是孩子阅读时的倾诉对象，她会把书本中的人物与每个娃娃对应，并取上一个有趣的名字，很多不同名字的娃娃是书本人物的假想者，各色人物形成了一个小社会，孩子时不时用书本中的原文来与娃娃扮演的角色对话，学会处理“小社会”中的困惑和难题。孩子说：“妈妈，我们家好多书我都没有读呢！”是呀，孩子对未知世界的好奇在书籍里慢慢获得解答，一屋子的书籍就是一幅天高地阔的画卷。

俗话说“开卷有益”，但要摒弃读书功利性太强的毛病。读书增长知识，读书陶冶性情，读书培养能力，这是一个渐进的过程，一朝一夕无法有明显的效果。有这样一个比喻，读书如布云，云层厚了才可能下雨。坚持唤醒阅读兴趣，持续不断地进行正能量刺激，过一阶段，你会发现，阅读中的孩子，知识在一天天增长，习惯在一天天养成，能力在一天天增强，心灵在一天天丰满，气质在一天天儒雅，你的孩子已经离不开阅读。“人从书里乖”不再是“潘多拉的盒子”，已然成为现实。

课程唤醒未来

教育即唤醒。最有效的教育应该是给予人合适的、需要的、自由的唤醒，点燃内心蕴含的美，不断散发出来。如此定位，应该说融入了我们对教育现实的很多思考，尤其是当下教育留下的“果实”与未来发展相冲突的时候，我们不得不审视为何出发。

一、找到教育中的“人”

高年级有个学生在足球课上表现出积极的兴趣，且资质很好，想报名参加足球队训练，父母阻挠，说学习比踢足球重要，孩子悻悻退出。从此，绿茵场与他无缘，学习在他眼里失去最初的快乐，剩下的是父母让他干什么就干什么的顺从，一颗储满美好的童心就此失去了“自我”，过早失去了“绽放”的激情。

某学校开设各项兴趣小组，学习名校走班上课，用以帮助学生“自主发展”，结果学生对预设的课程不感兴趣，学校只能让学生勉强报一个班后实施，苦拖半个学期后，被迫停止，恢复之前授课方式。看似是学校课程管理的问题，其实导致尝试失败最直接的原因是忽略了课程中“人”的需要，离开“人”的教育行为和课程改革，都是徒劳。

某校实施行为规范教育，制定了一系列的“行为准则”：课堂常规十不准、校园行为十不准等，并将这些准则张贴在校园、教室，让孩子背诵，实施行为犯规扣分制度。可结果却让人哭笑不得。一个被询问为何不捡脚边纸屑的孩子，振振有词地说：“那不是我丢的！”学生对身边的困难不伸手帮助，没有悲悯情怀；对不文明行为不劝阻，对好的行为不赞许，没有是非判定；对自我责任履行无担当，一味盯着找其他人的不足：这显然不是我们想要的。如果唤醒是以强制为前提，是以命令为引导，是以负面重复为标准，就会让其中的人失去了自由，失去了对美好的认知，那么唤醒的大多是“恶”之源。

以上举例折射出，教育的理念层面仍然是在控制人，而不是唤醒人，不是德智体美劳、做人与做事全面熏陶，不是正确的情感态度价值观的培养，不是人的内在疏导与释放，不是人格历练，而是外在强势压抑，是纯粹的灌输，是脱离了“人”的教育。

雅思贝尔斯说：“教育首先是学生精神成长的过程，然后才是学科知识获得的过程。”只有关注了人的精神成长，我们才真正把学生当作人在培养，而不是填塞的容器。只有关注了人的精神成长，才能触及生命和灵魂。

教育即唤醒。首先要认识到“人”不是慈善的受体，而是独立的个体；然后把握“人”合适的、需要的、自由的“限度”，给予耐心的、阳性的刺激和正面引导，帮助学生了解自己，接纳自己，实现自己；最后让“人”在螺旋式上升的目标追寻中，获得人格上的丰满、精神上的成长。

二、把握教育的“初心”

有位乡村小学校长，很沮丧地跟我讲一个故事：从外地转来一个新学生，起初，见到师长就会退到一侧鞠躬敬礼，但一个星期后学生不敬礼了，只问老师好；第二个星期，学生只微笑不出声了；后来，学生见到老师视若不见了。为何在一个倡导“潜移默化”的教育基地，却让好习惯销声匿迹了呢？

因为，这次“唤醒”遭遇到“漠视”，“唤醒源”被逆袭了，被冷却了。孩子的行为没有得到为师者的认可，没有得到热烈回应，影响了他对事实正确与否的判断，所以他选择了丢弃好的习惯来迎合周边人的无动于衷。不妨假设，如果教师在第一时间抓住难得的“唤醒源”，给予肯定，大力推崇，并积极传达给其他学生，那么，尊敬师长的礼仪校园建设就不是空话了。我们为何会漠视来自身边的“唤醒”？僵固的育人目标是罪魁祸首。礼仪与卷面分数没有关系，习惯与优秀学生没有关系，都不在教师关注之列，直接忽略很“正常”。教师将更多的时间花在其他所谓的“重要”问题上。

这足以说明，今天的教育，缺的是一种“未来发展”的眼光，一份庄重肃穆的心态，一种“明其道不计其功”的精神。

华南师范大学教授吴颖民认为，基础教育有两个目标：

第一，功能性目标。为人的未来发展和幸福生活奠定基础，为未来学习做必要的准备。重点在遵循规律，把握关键期，不提前不拖延，留有空间。

第二，逻辑终点。培养为个人、为他人、为组织解决问题的人。重点是让人成为最好的自己，奉献社会，对社会有用，为社会创造价值。

从吴颖民教授的观点出发，教育应该是为了成就“能自我发展，有未来生活，拥有幸福能力的人”，这应该是我们教育的“初心”。只有从这个目标出发，才能让孩子幸福自己、服务他人。

树立这个“初心”后，该如何实现呢？

首先，我们应该去了解生命本身。如果“安身立命”是人的最终追求，那生命过程就只是一部机器，只简单成程序化、公式化、教条性，这种“活着就是为了吃饭”的狭隘教育会让孩子失去感受生命所有精微面的能力，惊人的美、痛心的哀愁及创造的快乐和闲适的幸福。只有给孩子喜欢的、需要的丰富体验，不同的滋味感受，不同程度自由的磨砺，才能让孩子有自我领悟、自我感受、自我发展的能力。这一切，源于“唤醒”他们对生命的珍视，对美好生活的渴望，对未知世界的向往。只有了解了生命有不同的存在方式，生命有不同的绽放平台，我们才能实现“初心”所朝向的“愿景”。这也就决定了“唤醒”作为一种教育手段，是帮助教育人树立信念、信仰、信条的过程。

其次，理解“立德树人”的内涵。韩愈说“师者，所以传道授业解惑也”，意思是教师是传播道理、传授学业、解疑答难的人。授业好理解，就是教师有传授知识和技能给学生的职责。那传道呢？道是什么？应该是道理，做人的道理，做事的逻辑，行为的规范和处世的情怀。为何传道放在授业的前面？这不是句式表达的需要，而是昭示教育职责的关键所在。

多年来，课程标准无论怎么进行与时俱进的修改，教育目标、价值观无论提出怎样的新名词，万变不离其宗，始终把德育摆在首要的位置。有才有德是“精品”，有才无德是“危险品”，有德无才是“次品”，无德无才是“废品”。从教育标准来看，“道”和“德”是“走心”的修为，就展现在平常的行为习惯里。比如爱国的思想表现就是爱自己的学校，爱自己的同学，爱自己的家；比如奉献的行为就是能帮助有困难的同学，能爱护小动物，爱护环境卫生；比如儒雅的表现就是不大声喧哗，语音文明礼貌，学会排队等。这充分论证了教育要实现“初心”得“始终”，必须从“心”开始，从最不起眼的、最平实的、最细微处做起，扎实地落实被我们忽略的“重要内容”，去“唤醒”人内心深处沉睡的“向好因子”，真正实现自我的极致潜能。通过不断强化正能量，通过合适的、需要的、自由的活动具体化，形成合众的气场，继而让成形的“德馨”引导受教育人对学科知识求索，培养自我发展的技能，成为一个有感知幸福能力、会生活的人。

最后，要相信“唤醒”的力量。让美苏醒的过程是艰难的，却是值得等待的。我们需要耐心地去引导，有爱心地去传递，为了一个目标持续不断地努力。唤醒每个人心中的“美”，进程是缓慢的，过程是曲折的，但经历却是灵动的、充满情智的，闪耀着人性光辉的温暖旅程。

三、确立教育的“核心素养”

我们对孩子的发展目标早前提出“五育并举”——德、智、体、美、劳全面发展，后来提出“四大支柱”——学会知识、学会做事、学会合作、学会生存，之后又衍生了更多的“学会”。

时代在变迁，社会不断向前，人才观也在不断向前发展，国家早就用一系列的课改主旨帮助我们去寻找“初心”——为了人的发展去施教，为了发展而受教育。现在我们提的核心素养文化基础、自主发展、社会参与三方面，概括起来为六个关键词：人文底蕴、科学精神、学会学习、健康生活、责任担当、实践创新。每一点都有各自的重点和突破的难点，不难看出，现在的人才观关注的是人的终身发展，获得成功收获，关注的是人发展需要不可或缺的过程要素。

如果用这个标准来看现实的基础教育，我们难免会感到压抑。

学校承载的教育功能和教师承担的责任太沉重了，疲于应付，却无法对孩子产生深远影响。我们起早贪黑辛苦劳作得来的效益竟然与孩子未来生活和发展没有多大关系，学了不需要用的，需要有的又没有学会。费尽心血教育出来的孩子“德行”缺失，竟然会不懂感恩、没有责任担当、不会爱和被爱，等等。换而言之，我们的教育无效，或者失败，“核心素养”无影无踪。

基础教育阶段并不需要让孩子学到最大限度的陈述性知识，更不需要孩子学习那些少有机会使用的“奥数题”。基础教育是启蒙、启智的开始，是人发展的起步，不能加速，不能跨越。人的学习一定是一场马拉松，该用脚步踏实去丈量，而绝非百米冲刺，最短时间内冲到头了就可以休息，以一时的学习来代替一生的补给是绝对错误的。这就明确告知我们，教育应该关注人的未来发展需要，课程的关注点应该是怎样帮助人获得这些素养。

两相对照，“核心素养”提出的是需要人主动发展方能获得，并不能依赖“灌输”和“考试”去实现。要实现主动发展，教育活动必须唤醒人的原动力。一旦唤醒孩子内心最初的梦想，唤起他们内在的动力，学习能力、思考能力、生活和动手能力就会成为自动自发、自然而然。教育唤醒的手段和方法——信任和理解，宽容和谅解，赏识和鼓励，期待和督促，启发和引导，教育才会变得灵巧而有效，从而产生“神奇的力量”。

基于现实教育效果出现的“得”与“不得”之间的矛盾，我把学生培养目标细化为爱阅读、懂礼仪、知感恩、敢进取、能创造、会生活。在课程设置上选择了“过滤”：过滤那些与师生未来幸福生活不产生关联的教育，注重高持久度，比如创建国际生态学校，开农艺课、厨艺课；过滤那些现阶段不需要承受的压力，注重会生活的高依存度，比如开设礼仪课、读书课、写字课；过滤那些陈述性知识灌输的课程，注重行为品质的高迁移度，设立“校园文化十节”，让孩子在活动中自由成长。

四、课程唤醒未来

我们系统学习了加德纳的多元智能理论，知识是个人头脑的创造物；杜威的实用主义教育理论“教育即生活”；陶行知先生的生活教育理论“教学做合一”。以“唤醒”为使命，我们对课程进行了内容创新和生活延伸，形成以儿童为中心、注重活动课程、提倡“做中学”的课程体系，唤醒孩子心中的人文底蕴、科学精神、责任担当。

目前，我们设置了“喜玩乐”课程，分为两个层面。一是“底子课程”，关注身心健康，习惯养成。二是“种子课程”，关注个性丰满，能力卓越。

学校课程体系及课程实施情况一览表

层次	类别	性质	时长	实施时间	教材	教材形式	教师
底子课程	基础课程	部颁	40分钟	固定	统一	统一	专职
	健康生活	校本	40分钟	固定	开发	电子/纸质	兼职
	主题教育	校本	40分钟	固定	自编	电子/纸质	兼职
种子课程	实践创新	校本	70分钟	固定	自编	电子/纸质	专职/兼职/外聘
	责任担当	校本	20分钟	固定	自编	电子/纸质	兼职
	人文底蕴	校本	不限	不固定	固定方案		专职/兼职

我们的实践办法：

1. 对学生的背景及兴趣进行调查、访谈，把握孩子缺乏的、不够的、感兴趣的点开设课程；教师座谈，个别访谈，征求课程设置的意见或建议。

2. 按照《纲要设计》要求，着手实践和研究活动，建立与完善综合实践校本课程体系。教务处制定课程整体规划，落实到学校课程体系并予以实施。

（1）严格落实国家义务教育三级课程，即：基础课程、实践课程、校本课程。基础课程实施按国家规定标准执行，校本课程按不同年级分别设置课程内容和课时。

（2）根据学校实际情况设立校级“三类课时课程”，即“微课时课程”，每节15～20分钟；“标准课时课程”，每节40分钟；“大课时课程”，每节70分钟。“微课时课程”指每天须实施的教育、实践课程，如“习字”“阅读”“主题教育”等；“标准课时课程”指普遍参与的和一般性活动课程；“大课时课程”指实践活动、重点校本课程等。

3. 课程整合。

（1）活动课程化——根据学校地理位置和师资状态，设置自我综合实践课程。推倒学校围墙，让教育与现实生活结合起来，学生需要的很多并没有完全躺在课堂里，而是藏在爷爷奶奶讲给我们的故事里，藏在唐诗和宋词之中，也藏在人们日常的行为礼仪之中，藏在自然的劳动里、平实的家庭生活里。开展阳光兴趣小组活动，包括艺术、体育、文化、科技等30个项目，2～6年级学生参加率百分之百。

（2）德育课程化——把“校园文化十节”的活动内容纳入课表，将德育活动纳入课表。将课堂内外活动优化与整合，将学校教育和家庭教育连接起来，形成课程。

学校设立了包含所有常规活动的“校园文化十节”，即元月艺术节、二月感恩节、三月风筝节、四月礼仪节、五月孔子节、六月科技节、九月体育节、十月读书节、十一月民俗节、十二月安全节。以二月感恩节为例：感恩节四部曲——用嘴说出感谢，用情传递感激，用心表达感动，用行回报感恩；以十一月民俗节为例：南腔北调说民俗，五彩缤纷绘民俗，走街串巷访民俗，继往开来扬民俗；而三月风筝节活动则是采纳家长建议后开展的，设置了“追根溯源话风筝”“心灵手巧做风筝”“天高云淡放风筝”“兴高采烈忆风筝”，每个流程都安排相应的主题活动。年年如此，让学生、教师、家长参与到活动的策划、组织与游艺中来，形成我们的校本课程资源。

（3）环境课程化——根据学校文化创建，连接生活必需，让课程变得有价值。

厨艺课，学会做菜，能照顾自己；农艺课，学会插花、种菜、养盆栽，热爱生活；礼仪课，学会待人接物，做绅士和淑女，受人欢迎。此外，以课内外结合形式，广泛开展以培养学生综合素质与技能为目标的社会实践活动、模拟活动、访学活动。

课程设置从适合孩子的内容出发，从素养与现实的需要出发，唤醒孩子的孩子样，唤醒孩子的求知欲。同时实现把知识内化为能力，提升为品质，让孩子在校园里快乐成长。坚持了五年后，我们看到了明显的变化，孩子们在亲近与探索自然、体验与融入社会、认识与完善自我方面有良好发展。2017年，以生态教育为主题的教育实践活动，被联合国教科文卫组织授予“国际生态学校”绿旗，学校获省“安全文明示范学校”称号；礼仪课程研究实践成果获市一等奖。几年来，我校学生在科技创新、书画、电脑制作、主题读书等竞赛活动中100余人次获市级或市级以上奖励，其中获国家级奖励20人次，省级奖励30人次，市级奖励逾50人次。“七彩阳光星级少年”评选中有6名学生获“五星好少年”称号。

“喜玩乐”课程，“唤醒”孩子储藏的美，让天性有展现的空间，让智慧有表达的机会，让美德在习惯中扎根，让梦想在自由课堂里实现。课程就是“唤醒源”，连接了人的现在与未来。

第二章

用爱浇灌 希望的种子

站成校园的一棵树

我有一个梦——成为一棵树，一棵不娇艳却挺拔、不张扬却有着强大根系的树，伴着风雨雷电成长，吐露新绿，悄然奉献。回首18年教师生涯，我如同这棵树站在校园里栉风沐雨，释放着自己爱的真诚，将几分欣慰收藏心头。

18岁时，我去一个乡镇最偏远的小学工作。从县城出发要转两次车，还要走上4公里的泥泞小路。步入这所小学，只见低矮的教室，一群脏兮兮的学生，分配给我的住房是外面下大雨里面下小雨，让从小在城关长大，害怕蚰蜒、害怕毛毛虫、害怕无边无际的黑暗的我，对工作的美好祈盼瞬间幻化成泡影。

那是一个冬天，我感冒了，好几天都嗓子嘶哑，全身酸痛，尽管脸上故作坚强，心里却有着说不出的苦楚，夜深人静的时候只能躲在被子里流泪。午休时间，我躺在床上休息，突然发现几个小脑袋在窗边探头探脑，打开门一看，门外搁着几个苹果、几颗糖果，还有一张皱巴巴的便条。展开便条，仿佛有孩子稚嫩的声音在我耳边响起："老师是不是生病了呀？我们用攒下来的零花钱买了苹果，您吃了就会好的。我们都喜欢您！"我知道，他们的家庭并不富有，很少有零花钱；我还知道，他们经常会在小卖部门口眼巴巴地看着各种零食却舍不得去买。但今天，他们为了我却如此慷慨大方，就因为他们喜欢我，喜欢我这个并不用心的老师。坐在桌前，我反复问自己凭什么值得他们爱，往日的那些委屈与脆弱都化为愧疚浮上心头。有一群如此贴心的孩子，我有什么理由不用心工作，我要把他们给予我的爱传递下去。于是，怀揣着爱，我走近我的学生，在这个最偏远的小学一干就是8年。

你们知道我和孩子们最怕过哪个季节吗？冬天。冬天的教室冰冷彻骨！我们的教室是坐北朝南的砖房，墙薄有缝，少见到太阳。教室的门窗经过风雨的洗礼早已变形，歪歪斜斜的，豁着道道缝隙，风硬硬地灌进来。为了让孩子们在教室里不受寒风的侵袭，我用旧报纸把三个窗户贴严实，可一下雨报纸就破了。孩子们冻得直哆嗦，流鼻涕，手脚还长冻疮。当看到孩子们用那一双双冻得又红又僵的小手写字，我的心痛极了，一咬牙，就把自己住房窗户上的薄膜拆下来，钉到教室的窗户上。薄膜不够用，我再把自己的衣服拿去塞门缝，一件不够就两件，两件不够就三件，直到风再透不进来。

有一次下大雪，好几个学生感冒了，我把所有的衣服都拿出来给他们御寒，结果还有一个生病的孩子没有分到。握着他冰冷的小手，看着他冻得发紫的嘴唇，我脱下了自己身上仅有的棉袄给他穿上。那节课，我一直哆嗦着双手在黑板上板书，好几次因为手不听使唤让粉笔从手指尖掉下来。孩子们一个个眼泪涟涟地望着我，纷纷把衣服脱下来往我身上套，懂事地说："老师，衣服您穿，我们不怕冷，我们不冷。"一双双泪眼里闪烁着灼热的关爱，燃烧着我，温暖着我，给我坚持下去的力量。以后的每个冬天，我都会在早上六点多起床，第一件事就是到食堂打上几瓶开水，再灌上好多个盐水瓶子，然后用旧毛巾包好放在窗台上。学生来了就可以抱着暖暖的盐水瓶专注地读书、写字，同事们戏称这是个"暖心瓶"。整整 8 年，我坚持在夏天收集盐水瓶，洗净晾干，等到冬天就靠它为学生驱走严寒。用暖心瓶温暖孩子的身体，用教师的爱心温暖孩子的心灵，这就是我持之以恒的动力。多年后，我在一个寒冷的冬季收到了一件棉衣，铺着厚厚的羽绒，穿在身上瞬间就有温暖走过身体。寄棉衣的是那位冬天生病时穿我棉袄的孩子，他在信中说："老师，您的一件棉袄让我的冬天不再严寒，我要还您春天般的温暖。"作为一个平凡的乡村教师，我没有太多奢望——放飞了希望，守巢的总是你。如果曾经的学生多年以后还能记起小学时的一位老师，还能在回忆校园时光时面带笑意，对我来说这就足够了！

我对工作的付出逐渐引起了众人的关注，县委宣传部、县发改局向我递出橄榄枝，被我婉言谢绝。别人笑我傻，守着糠箩不往米箩里跳，但只有我自己知道，路有无数条，可我愿意选择被落叶掩映、需要用爱心耕耘的这一条。

如果不能成为傲立山巅的松柏，我就要做校园最可亲最可爱的一棵树！记不清家访走过了多少条弯曲的小路，帮助过多少名潜能学生，诚心资助下挽回了多少个辍学的孩子，我只知道，如一棵不起眼的树挺立校园、坚守岗位已经成为我工作的最佳姿态。

八年级女生刘结，早年丧母，在她 13 岁那年，父亲也因病突然去世，她只能跟着哥哥嫂子一起生活，家庭的突变使本该天真烂漫的孩子没有了笑脸。学校放春插假后，刘结辍学了。我赶到时，她正和哥哥在田里插秧，她对我说："周老师，我不想读了，我想帮哥哥做事。"听着她的决定，我眼圈红了，多懂事、多可怜的孩子啊！第二天我带着十几个会干农活的同学去帮刘结家插秧，顺便也给她带去了 200 元生活费和一些学习用品。我们陪着她在水田里挪动一个又一个脚印，孩子们的泪水流了一淌又一淌，刘结的哥哥嫂子牵着我的手送了一程又一程。哥嫂也终于明白，农村的孩子放弃学业就等于放弃了美好明天。"精诚所至，金石为开"，这个女孩终于又回到了课堂，顺利完成了初中学业，后来选择了继续上职业高中。每年开学，我会按时给她 600 元学费，再按月给她 100 元生活费，这对于当时每月工资只有 268 元的我来说，无疑是一个负担。我不买新衣服，不享受美食，不外出旅游，为节省回家往返的路费，我甚至不回家看望父母，想念他们时就捧着照片在心底里默默地说声对不起，因为我必须分两次把连续三个月的工资分文不用地攒下来帮助刘结完成学业。高中第三年，刘结实习了，她拿到第一份工资就欣喜地来学校看我。她惊讶地发现，老师的衣服还是多年前的旧式样，鞋子是磨破了跟的老皮鞋，就连发卡也是好几年前她熟悉的那个，破旧了褪色了。突然间她明白了，这三年是她求学重生的三年，也是老师艰难支撑的三年。她哭得格外厉害，抽搐着伏在我腿上写下决心书："老师，你救助我三年，我要养你一辈子。"抱着这个不幸又懂事的孩子，我告诉她："我不求你的任何回报，有你这份心，老师就满足了。"今天，这份泪迹斑斑的决心书还珍藏在我的柜子里，它时刻告诉我，教师的财富能超过世界上任何富翁，教师的幸福就在学生身上不断延续。

师爱是一种伟大的情感。有了爱，那块黑板会画出彩虹，擦去功利；有了爱，那间教室会放飞希望，创造奇迹。

2004年下学期，我曾半途接手过一个“烂摊子”，当时班上接连发生了几件事：学生顶撞老师，课堂上打架，旷课出走……面对他们的“劣迹”，我没有责骂，更没有埋怨，只是给他们掏心掏肺的爱。冬日的深夜，我到寝室检查就寝情况，全班20多名男生，我都一一给他们掖好被角，把他们露在外面的手脚轻轻放进被窝里。那天，班上的张涛上厕所滑倒，脑袋撞到墙角上，鲜血直流，我见此情形，与其说是着急，不如说是害怕。我来不及喊帮手，二话没说，晕血的我一把抱着他就往医院跑，鞋子掉了我没管，头发散了我没顾，抱着和我体重差不多的孩子一路狂奔了二里地。等敲开医院值班室的门，放下孩子后，才发现自己满手的鲜血，我陡然晕倒在病床旁。医生吓坏了，我的学生更是惊慌失措，紧紧拉着我的手大喊：“周老师！周老师！”好几分钟后，我才苏醒过来，孩子们扑到我的肩上号啕大哭，对我的千般担心、万般关爱，在他们的泪水里无尽释放。孩子们说：“周老师是被累成这样的。”听着他们的议论，我的视线慢慢变得模糊，我依稀看见他们在烈日下打扫校园卫生，看见他们为低年级学生运送早餐，看见他们为孤寡老人去井边打水……一时间，只听见鼻翼抽泣的声音，泪水浸泡着浓浓的师生情谊，溢满了病房。爱的力量竟是如此巨大，爱的脚印里，学生们少了骄横、多疑、自私和冷漠，悄悄把宽容、理解、互助、关爱留在了身边，并内化成生命的品质。全校有名的“烂摊子”在爱的感召下终于变成了优秀班集体。

爱的传递是师者的一种信仰，它举起的是别人，奉献的是自己。我清晰地记得那是2005年11月，学校创建岳阳市校本教研现场，准备时间不足一星期，当时我是负责教学的副校长，为了筹备到位，我全身心投入工作，把两岁多的女儿丢给了我的母亲。那天晚上风雨大作，正在加班的我突然接到母亲的电话：女儿不小心打碎了开水瓶，胳膊和小腿严重烫伤，正在人民医院抢救。记不清当时是何种表情，只觉得脑子里如晴天霹雳“轰”的一声，来不及拿雨伞穿雨衣，我租了辆摩托车，顶着风雨赶往 60 里外的县城。雨水不断摔打着我的脸，夜风无情地穿透我的衣裳，泪水在夜幕的遮掩下肆意地滚落。赶到医院，看着女儿嫩生生的腿上一个个大水疱，看着她打针找不到血管时痛苦地挣扎，看着她擦药膏时咬牙不喊痛却蓄满泪水的双眼，我只能躲在一边无声啜泣。孩子说：“妈妈我不痛，我好喜欢生病。”我知道，她只是想告诉我，她多么渴望妈妈的陪伴，她甚至明白只有生病，“狠心”的妈妈才会来看她一眼。但她不知道这个“痛”字，根本无法形容我此刻的悔恨，为什么受伤的不是我，我多么希望替她承受这一切。那个星期，我在女儿病床前整理资料，夜以继日地工作。当现场会获得圆满成功时，我和孩子在病床前击掌拉钩相互鼓励。此时，领导赞赏我，同事鼓励我，学生支持我，家人理解我，因为他们知道，一个有事业的母亲才是最优秀的母亲，这位母亲除了能担负起为人师的责任，还能承受住为人母的艰辛。

大爱无疆，爱是一种力量，如星星之火可以燎原。我的大伯先天性残疾，因为肢体不全没有家庭，没有子女，起居生活一直由奶奶照顾。2000 年正月，90 高龄的奶奶去世，大伯成了“孤家寡人”。送奶奶入土时，一向乐观的大伯哭得很伤心，他撕心裂肺地喊：“娘呀，留下我一个人该怎么办？”听着古稀之年大伯的哭诉，我心里如针扎般刺痛，没来得及和家人商量，当着众人的面，我跪在大伯膝下说：“从今往后，我就是您的女儿！”我毅然接过了赡养大伯的任务，为老人家修葺房子，添置生活用品，请人护理，每月定期送米送钱。逢年过节，我总是和家人先去看望老人，有时出差带点纪念品，也是父亲和大伯各一份，从未分过彼此。岁月是一把无情的刀，转眼 11 年过去了，年迈的大伯终是走上了生命的最后旅程。在他卧床的两个月里，我的每个双休日都在他床前度过，给他喂饭喂药，擦洗换衣。大伯弥留之际，嘴里不停地喊："我女儿呢，女儿在哪？"我泪如泉涌，紧紧依偎在这个孤苦的老人身边，直至他安详地闭上眼睛。大伯所在的乡镇领导知道了，曾多次来人探望，并在干部大会上表扬我赡养老人的美德。附近的乡亲听说了，都来大伯的小屋探个究竟，得知真相后都对我啧啧称赞，他们感叹大伯有福气，能够安享晚年，有人养老送终，都是因为有一个当教师的女儿，以后他们都要把孩子送去当老师。

有人说你了不起，而我只是觉得心里踏实，因为这份踏实，我才能昂首挺胸地站在讲台上，教我的学生把"人"这个字写得堂堂正正、酣畅淋漓。

用爱唤醒爱，用爱交换爱，用爱延续爱，这是教师的责任，也是教师幸福的源泉。我很庆幸自己是一名教师，这份职业给了我一份稳定的收入，成了我热爱的事业，提供了一个让我实现人生价值的舞台，让我收获了爱和尊重。

老师们，就让我们都做一棵充盈爱意的树吧。站立在每一座校园里，一半立在泥土里，如泥一样谦虚厚道，柔韧坚毅；一半立在风中，播撒阳光雨露，呵护幼苗成长。带着责任、爱心和激情，我们站立成一棵守望教育幸福的参天大树。

（该文为作者参加岳阳市"道德讲堂"巡讲的演讲稿）

为岳阳的崛起做一颗铺路石

在我的心里珍藏着一幅画，我都不敢轻易回忆，怕心底里最柔软的地方会有别样的暖流让我不能自已。

那是多年前的一天，正逢我的生日，我一如平日，低着头推开教室门，原本安静的教室里突然响起了温馨的乐曲。我蓦然抬起头，却见全班58名学生手打着拍子从座位上站起来唱着“祝你生日快乐”，他们的歌声满含着祝福，青春的脸上荡漾着笑意，直到歌声唱完，齐齐地道一声“老师，祝你生日快乐”。我再也无法自禁，泪水流满脸颊。谁说教师清贫，我心甘情愿去做他们成长的铺路石，培育他们纯洁的心灵，收获他们对我的关爱，这些都是我的宝贵财富，这些都是让我难以言喻的幸福。我愿当教师，愿做铺路石。教书育人丰富了我的生活，铸就了我的信念，也让我触摸到了人生的真谛，看到了幸福的源泉。

在我的心里还珍藏着一幅画，那画里蓝天白云、山清水秀，那画里有活力有欢笑，有眼泪与拼搏——那幅画题为《岳阳》。古之巴陵，可谓物阜民丰、人杰地灵；而今的岳阳，园林青翠、长虹卧波、大厦林立……这座城市屹立于长江之畔、洞庭之滨，正在高速发展、迅速崛起。

漫步于岳阳的大街小巷，环境自然雅致，你能感受到园艺师的别具匠心；市场繁荣昌盛，你能感受到企业家的开拓创新；各行各业欣欣向荣，你能感受到岳阳人民的团结奋进……作为一名普通的教育工作者，我又能做些什么呢？

穿越历史的时空，我听到了，听到了范仲淹那荡气回肠的呼告：先天下之忧而忧，后天下之乐而乐。面对历史的重任、时代的召唤，作为当代青年的我们，没有玩世不恭的理由，更没有冷漠逃避的权利。心系教育，心系学生，背负着实现“民本岳阳”和谐崛起的希望，为岳阳盛世开太平！用知识和智慧造就更多的忧患之士、博学之才，建设我们的家园。

诚然，虽然教师不能亲手为岳阳栽种一片绿，但我们正在湘北小镇，默默地在学生心田种上绿树的种子，让他们知道什么是美；虽然教师难以亲手为岳阳展开一树红，但我们正在山野村落，悄悄让学生涵养“不以物喜，不以己悲”的豁达胸襟，让他们懂得什么是光荣；虽然教师不能亲手为摩天大厦添上一砖一瓦，但我们正在穷乡僻壤，静静地让学生坚定家乡的发展、社会的发展需要他们这一信念，我们正努力让美好进驻每一个人的心中，让未来稳步向前。我们正站在发展的高度，携着八百里洞庭的灵性与美感，敞开海纳百川的广博胸怀，用青年青春理性的底蕴，默默地给岳阳插上强劲的翅膀，助它飞出湖南，飞出中国，飞向世界！

是呀，岳阳的崛起靠你、靠我、靠大家，需要无数颗坚不可摧的铺路石。如果你成不了大树，那就做一株小草吧！在实现岳阳崛起的进程中，我愿做那一颗小小的铺路石，虽然没有水晶的纯净、没有宝石的艳丽、没有钻石的光芒，但我愿静静地躺在泥土之中，让新一代在我们铺就的平坦而宽阔的道路上奔向前方，奔向四方，奔向远方……

我幸福，我是一颗小小的铺路石。

枯树枝之想

有这样一则故事引人思考。

佛救落水的蝎子屡次被蜇伤手，但仍然救。路人甲问，为何还救？佛说，蝎子蜇人是本性，我救人也是本性，岂能因为它的恶本性而改变我救人之本性？路人乙一言不发，递给佛一根枯树枝，佛即用枯枝挑起水中的蝎子，救蝎子出水，还自身不损。

假若没有这根枯树枝，佛救蝎子反复被蜇，最后救出了蝎子，结果中毒不起，此是舍己为人；假若佛救蝎子反复被蜇，结果蝎子没有救出，自己先中毒不起，结局是两败俱伤，佛牺牲自我有何意义？一根枯树枝在合适的时间，成为佛超度众生“最合适”的选择，既救疾苦成全其本性，又保自我安然无恙，可谓两全其美。

这个故事启示我们：万事万物都可以有改变的路径，关键是找到最恰当的方式。正如我们教育学生不需要牺牲自我，不需要如蜡烛般照亮他人必须燃烧自己，正如我们传道授业解惑得根据个性差异“对症下药”一般。

教师的工作前提是爱和尊重，这包括爱己、爱人。如果心中有爱，却找不到爱的途径，没有合适的枯树枝来度你传递爱，那这份爱就会泛滥成溺爱，变质为无保质期的爱，演变成无原则的爱。这些都会让师者走入一个无效工作的漩涡：我爱你，但你是否成长与我无关。所以，教师在爱的前提下得有尊重地爱：尊重生命、尊重个性、遵循规律，让学生在你爱的牵引下获得成长。教师的爱里除了有尊重，还得有智慧。一个智慧的老师定能做到传达爱意、温暖心灵、影响心灵、塑造心灵。

教师的教育不能只问付出，不问收获。没有功劳也有苦劳的说法，只是缺乏工作目标、没有责任心的师者找到的借口。我们需要时刻掂量的收获不是名利，而应该是：在我的教育下孩子健康快乐成长了吗？以前没有的好习惯现在形成了吗？如果没有这样的思忖，即使你累趴了自己，换来的肯定还是让你沮丧的不公平的评价。正如佛用善良本性去度蝎子，找不到枯树枝的话，结局一定会是个笑话。

教师还要树立“健康有我”的工作理念。如果教师的工作以“单纯爱”或者“无效付出”为出发点，那是盲目的。教师总在烦琐的工作中挑战自我身体和心理的极限，而忽略自我努力的背后究竟发生了哪些改变。那样，无效的付出会消减每个教师的幸福感和成就感，从而让这个群体陷入越努力越受伤的怪圈里不能自拔。一个不幸福的教师是很可怕的，他将影响一群人失去感知幸福的能力，漫溢出抑郁悲观的情绪倾向，让我们生活中的美好都化为虚无。

教师的工作是需要不断进行心灵滋养的心理工程，要求时刻找方法，总是找策略，一直找“枯树枝”。在成就学生的同时成就自我，才是最高境界。我们不能凌驾于生活之上谈工作，不能基于健康之外谈奉献，找一根合适的“枯树枝”，不仅仅是度人，还是度己。我们的追寻中会有一根合适的枯枝，让我们不违背成就学生的美德去完成自己的追求，又让我们不伤害自我去成就梦想。

（该文发表于《教师》，2015-03-05）

牵着蜗牛去散步

因为学校所在区域停电，学校下午放假，我心情甚是放松，似乎偶然拾得的休闲时间是老天格外的恩赐，因此下班回家的脚步也放慢了很多，慢慢地踱步于两个中年级的学生身后，还没等超过她们，一番话飘进了我的耳朵：

"整天让我们'耐心点儿'，她自己怎么没有耐心？"

"就是，天天发脾气教训咱们，这也不行，那也不对……"

"越来越不喜欢这个班级了。"

"我也是……"

我首先一怔，继而平静。他们所议论的应该是自己的老师，因为在教育学生时缺乏耐心、方法简单，让学生不理解，从而产生了逆反心理。

的确，所有在一线工作的教师，应该对"辛苦"二字有格外深的体会，对"繁杂"二字有更多的经历，对"不易"二字有更强烈的感受。教育教学工作十有八九不尽如人意，班里总有让人头疼的问题，每天也总有学生不能按照我们的"意愿"行事。忙碌和不尽如人意，容易使我们产生烦躁情绪。教师一方面"苦口婆心"地教育学生，传授知识，巴望着学生能够健康成长；另一方面"恨铁不成钢"，恨学生不领情、不争气，辜负了自己的一片苦心。这种情绪一直以来占据我们的思维，师者陷入了"吃亏不讨好""得不偿失"的境地，从而心情苦闷，无任何成就感和幸福感可言。现在的孩子都有思想、会思考，纵然天下的老师绝大部分都是为了学生好，但孩子们不一定就能体会到，这其中很重要的原因是教师缺乏"耐心"。

曾看过这样一个故事：上帝给了人一个任务，叫人牵着一只蜗牛去散步。蜗牛已经在尽力地爬了，但每次总是只能挪动那么一点点。人拉它、催它、吓唬它、责备它，甚至踢它，蜗牛仍然不紧不慢地往前爬。人在极端疲惫、懊恼之余，开始向上帝抱怨，为什么叫我牵一只蜗牛去散步？人朝着天上喊，天上一片安静。人没有办法了，只得任由蜗牛慢慢向前爬。咦？人忽然闻到沁人心脾的花香，听到悦耳的鸟鸣，看到晶莹的露珠在树叶和草茎上闪烁，人困惑了——路边原来有这样美丽的花园，为什么我以前没有看到？莫非是蜗牛在带着我散步？

多么富有哲理的故事啊！牵着一只蜗牛去散步，就如老师带着学生学习的历程；耐心等待蜗牛爬行，就如教师耐心教育孩子成长。这是一次长途旅行，必须按照自然的节奏和学生自身发展的进程循序渐进。如果过多追求速度和效率，我们会丢失个性鲜明的自我，会扼杀学生最具个性特征的生命活力，会在长期的不满足的情绪里萎靡工作心情，散失生活激情。我们应该有“牵着蜗牛去散步”的心情，耐心细致循循善诱，这既能让我们在工作中选择正确的教育方式，用师者仁心，启迪学生智慧，树立健康的人格品质，又能帮助我们选择在工作现实面前快乐行走，愉悦身心。

教师是什么？是一个耐心的世界里，能看见孩子、倾听孩子、懂得孩子，能在孩子心里说话的人，能让孩子的生活发生改观并影响到每个家庭及所有人的未来的人。一个老师所有的言说与行动，如果从此处生发，那教育将是怎样的一个美景呀！

幸好我还是教师

在这个世界上，所有英雄式的人物故事，都是相似的，无论是西方的《奥德赛》，还是东方的《西游记》，在你通往成功行将成名的道路上，都要经历九九八十一道磨难。孟子曰："天将降大任于是人也，必先苦其心志，劳其筋骨，饿其体肤，空乏其身，行拂乱其所为，所以动心忍性，曾益其所不能。"

在电视剧《心术》中，有这么几个角色给我留下了深刻的印象。

第一个角色是医院急救科主任，每天要做七八台手术，从早到晚一刻不休，从无怨言，悲天悯人，见到疾苦和病痛毫不吝啬。可他并不富有，家里还有一个患有尿毒症的8岁孩子，一直挣扎在生命线的边缘，只有找到合适的肾源才能救命。可能大家觉得，医生找到肾源还不简单。可直到孩子临死前，他都没能做到。其实他有几次机会，第一次有肾源时，他把这个合适的肾源给了另外一个生病的孩子，就因为那个孩子也需要。还有一次，是因为车祸，一个8岁的孩子失去了生命，面对悲痛欲绝的孩子父母，他始终开不了口。最终，让孩子保持完整入土。其实，在那一刻，他想去求人，跪地求人，他想去抢，或者通过医生的方式去"偷取"，但他都没有，他无法做到不尊重人性，哪怕失去唯一的孩子。

第二个角色是急救科的主刀医师，他是革命先辈的后代，是院长选定的接班人，性格有些放荡不羁，做事也经常不按常理出牌，但有一点，他始终在救人，以高尚的医德示人。在一次严重车祸后为患者手术时他不幸割破了自己的手指，可能会感染艾滋病。他一度生活在恐慌之中，甚至做了最坏的打算。可他并没有放弃自己的使命，他在等待检验结果的三个月里，拼命去做手术，把自己的积蓄拿出来救治更多的人。他说自己不后悔选择医生这个职业，当看到病患在眼前扬起笑脸时，就是最开心的时刻。最后他没有被感染，但这段经历让每个人都把敬佩之心送给了他。他说："医生的宣言就是——有时治愈，常常帮助，总是快乐。"

医生与教师的差别在于——他们与血肉、病毒作战，我们和信仰、希望、爱为伴；两者相同之处在于——保持希望，拥有信仰，带着使命感，做出“育人”的行动。

医生的使命是“救命”，他们和我们一样，都是平凡的人。大家知道，让人有使命感的前提条件是能生存。我们有稳定的职业，生存并不是问题。正如剧中院长说的，大浪淘沙中，有些人退缩了，因为医生穷，医生累，因为医生群体太弱势，很多人选择了逃走，但选择留下来的都是有信念的人，都是英雄。

那我们教师呢，有何使命？有何信念？是“救心”“救灵魂”。不管你是因为何种理由进入教师队伍，今天你还能在校园，说明你是值得钦佩的。或许我们从来没有想过自己有多么高尚，只不过做了自己该做的事情。我们用文化去救治一些不合乎道德的心，我们用榜样去引导孩子们拥有健康和阳光的心态，我们用优良习惯去帮助周围的人，获得真善美的是非观。

带着使命行走，我们还得转变很多工作思维。

其一，无原则地付出。即不明目标，不讲究教育规律和教育方法。比如：布置很多家庭作业，教育不好的孩子就罚抄生字，只看分数不看习惯。

其二，无效地爱。即不问对象的差异性，不注重个性，以爱的名义给孩子加压，效果并不好。

其三，无反思地工作。即总在重复昨天的忙碌，不思考为何会忙乱。比如对待工作无计划，无日程安排，无目标。

或许你觉得，这个世界有太多你无法改变的东西，比如公平与自由、责任与权利、付出与获得。它们总在不停地消耗你的希望，打碎你的梦想，考验你的耐心。可哪里才是绝对公平的伊甸园？哪里有无限自由的法度？哪里有只要权利不要责任义务的职业？哪里有付出就定能收获你想要的世界？如果有，那就在未来，就在我们教师的努力中。从无到有，那需要国民素质的整体提升，需要心灵和灵魂的统一净化，我们希望有那么一天。

记得台湾有位技术学校的校长问："天下兴亡，谁的责任？"他的学生大声回答："天下兴亡，我的责任。"这所学校没有修理工，没有卫生员，没有义工。除了学习，工作都是老师和学生一起完成。这位校长说："如果我们的学生觉得水龙头没关不关他的事情，卫生脏了不是他的责任，这将是学校的耻辱，这样的学生是不能毕业的。"

由小及大，由校到家，由家到国，谁说我们学校的职责小，谁说教师的使命就仅仅是眼前的评价和家长的满意，我们要把目光放得更高更长远，我们要让自己的使命感时刻奔涌，用微小的快乐去获得自我的职业成就感，提高幸福指数。请大家相信，积极地心理暗示能让使命变为现实。

希望有一天你会不由自主地发出感叹：幸好我还是教师。

且行且珍惜

行走，是不断地向前，是对生命存在意义的求索。这种求索不会一帆风顺，必定会带来很多痛苦，是我们想获得新发展所必须经历的一个过程。

这个过程带来了对现实的冲击，随之而来的是改变导致的恐惧、惶恐和压力。我们习惯了现有的模式，以致面对变革不知所措、无法应对，抵抗情绪油然而生。

我们习惯于“把正确的享受当成痛苦，把痛苦的享受当成正确”。

比如，抽烟是有损健康的，戒烟是痛苦的，但我们经常把错误的当成正确的来享受。

比如，大鱼大肉容易引发“三高”，我们选择吃清淡素菜；长时间在电脑面前工作，我们选择工作之余多散步，多做户外运动。这些就是出于维护身体健康而进行的生活方式转变。

比如，长期作息时间混乱，情绪失调，迁怒于学生和同事，长此以往，大家会“敬而远之”，这说明自己需要用心塑造形象。

比如，我们部分教师认为自己工资不高、待遇不好，所以就违纪违规办补习班、晚读，自己认为这部分收入是靠劳动换来的，是天经地义的行为。为了一些钱这么做，殊不知却导致整个行业风气变坏，这说明我们抉择时出现了偏差。

比如，对工作有意见，选择的方式却是背后嘀咕议论，甚或在网络上宣泄不满，这是自毁形象的不理智行为。

比如，对教育体制和制度的不满，认为自己负担重、待遇低，从而迁怒于管理者没有能力、不办实事、只搞形式主义，甚至这种不满一度发展成搞人身攻击。如果换位思考，倘若你是当局者，你能在短时间内改变这些吗？如果不能，那我们就应该谨言慎行。

比如，拒绝学习，拒绝成长，抱着固有的姿态应对千变万化的时代。遥想当年我们的父辈是怎么过来的？我们自己是怎么过来的？不照样过得很好！时代在进步，科技在发展，对于固有的，我们要分辨良莠、去伪存真。不改变如何能进步！

在行走中，我们最担心的事是释放出了空想、抱怨、推卸的情绪，最害怕的事是出现眼界高、要求高、能力却低的现象，最幸福的事是有梦想、有坚持，从而有收获。收获是一种感觉，能产生自我实现的自豪感；收获是一种辩证，是边探索边明了真理的辩证；收获是一种付出，是能改变自己融合他人的付出；收获是一种过程，是痛并快乐的过程；收获是一种理解，是人与人心灵上的契合，是行走道路上的并肩，是理想追寻上的认同。

且行且珍惜！老师们，行走在现实的崎岖路上，不会一帆风顺，须有寻寻觅觅的执着，须有持之以恒的坚韧，须有走走停停的恬然。感恩你现在拥有的，爱你现在拥有的，才能让你抵达生活幸福的乐园。

生在自然 长在卓越

——马鞍山实验学校师德演讲感悟

今晚，3 个小时的师德报告，让我的心里温暖。12 位教师的讲述，让人心如明月。

这是我第一次参与这样的师德报告会，我非常幸运地走进了教师丰富而又坚韧的心灵世界。12 位演讲者，角度不一，讲他人讲自己，讲团队讲个人，讲操守讲坚持。有美文，有故事，有爱和善，有守和持，有思和悟，有苦和乐，有笑和泪，有快乐和幸福。这一切如音符般谱就了教师职业的厚重。

此刻，除了感动、敬佩，还有内心由此生发出的由衷的感谢。谢谢你们给了学生真善美的世界，谢谢你们给社会留存了纯净无污染的土壤，谢谢你们对教育的赤诚热爱、无私奉献。

师德——这是个古老而永恒的话题，可今天的演讲让我有了更深的感悟。

1. 用大爱做小事。白鼎小学徐校长、李水香老师就是教育人最真实的生活写照——真正发自心底的师德绝非来自外界的灌输，而是平凡岁月里一件件小事的完美。

2. 用平凡筑世界。教师为事业终其一生，没有感天动地。在无数个平凡日子里所付出的点点滴滴，都折射出师爱的博大情怀。王慧老师的《幸福点点滴滴》、付娟老师的《最美》都告诉了我们这个道理。

3. 用责任做事业。没有抱怨，没有退缩，用双肩扛住生活的重担，用双手捧出对学生的真爱。贺燕老师用她的忧患意识、责任意识道出了坚守的心声，徐雪琴老师用人性最本真的底色展示了教师的责任精神。

4. 用智慧成追求。教育有两个根本目的——使人聪慧，使人高尚。显然，师德的情怀来自对这一事业本质的理解，教育活动本身就是一种道德实践活动，不仅仅是因为它向上和向善的美好目的，更因为教育的好不单单指好的内容，还包括智慧的行为方式。刘卓老师、钟红老师的演讲引发教师对自身教育行为的思考。刘颖老师的诠释恰恰让我们看到一个智慧的师者该有何种践行方式。

5. 用快乐写人生。植根于普通甚至有些琐碎的职业生活中，教师的亮点靠什么点燃？罗婧老师、谢仁君老师、李薇老师的美文，恰到好处地昭示了答案。宁静平和的心态，易于感悟快乐的心灵，敢于传播美好的热情，时刻微笑和赞美的习惯，是教师们长期积淀的师德体现，更是教师责任最忠诚的担负！

今夜的参与，有痕迹在心里，并将长久留存，脑海中的印象将丰满成一个个高大的形象，那就是你们站立校园的身姿。我定会去做一个传播者，将你们的平凡朴实、艰辛努力讲述给更多人听，呼吁他们来关心教育；我也会坚持做好马鞍山实验学校的后盾，不遗余力地去支持你们，帮助你们。

祝愿老师们永远行走在阳光路上，越走越幸福。

祝愿马鞍山实验学校早日实现从优秀走向卓越。

2014 年 12 月 8 日

准教师需要怎样的通行证

教而不研是为愚，研而不用则是虚，虚愚过甚便成患。——题记

我从北京风尘仆仆赶回家，第二天又受常德鼎城区教育局邀请去做招聘新任教师的评委。教育局为求公正，在前一天晚上就将我们的手机全部收走，且要求在下榻之处不得下楼，封锁了一切通往外界的联系渠道。直至招聘面试工作全部结束，我才得以领回手机。

作为评委，我在数学学科组。通过第一轮招聘比试后，评委组确认了高中2名、初中8名、小学8名求职者进入第二轮说课面试。选手们依照抽签顺序领取说课题，准备一个小时后，进入面试室，展示15分钟说课。

一天的学习，让我见识了准教师的风采，清楚地看到了准教师在职业求索道路上的艰难，深刻认识到了准教师专业素养的不同层次和水准。18名求职者中，男孩子8名——小学组和初中组各4人，都是应届毕业生，来自师范院校和常德文理学院；其余12名女孩子，有2名有过教学经验，其中1人还是位准妈妈，另一位已经入职6年，只是没有教师编制，另外10名都是应

届毕业生。

纵观整个应聘者的表现，2 名已经进了课堂的女孩，因为有了在实习基地的基本经验，能够把握课堂节奏，说清楚课堂流程和教学方式方法，说明设计意图和教学原理。其余的应届毕业生，除了有 2 名表现较为优秀外，其余大抵可以确定为专业知识缺乏，不懂教学互动，不明白何为目标，无法把握教材重难点的没入门级别，甚至在数学知识上还出现错误，令我们几个评委一阵慨叹，我心中竟然生起了些许害怕的情绪。

他们的说课引发了我的一些思考。学情分析是“铺垫”还是“以学定教”？游戏设置“纯为乐”还是“为学”？教学实践“用教材教”还是“教教材”？教学策略“生活中教学”还是“教学进生活”？教学结构“明知”还是“明理”？思维发展“有依据”还是“循规律”？课堂探究的“主导地位”怎么体现？“双主体”是否明白？教学三维目标如何界定？定量还是定性？

同时，在应聘者身上表现出来的共性问题，如书写不规范、数学语言不规范、答题格式不正确等现象，也让我陷入沉思。

1. 师范院校的学生到底学习了什么？拿到毕业证的那刻到底考核了什么？于教育质量而言，提升师资力量是关键，可进入教师队伍的教师整体素养良莠不齐，这让实习基地、今后工作单位的压力加重。

2. 如今各大院校的毕业生不乏强者、优秀者，可并不见他们来应聘教师职业。育人者不是最优秀的，育人的结果是会受到制约的，可见教育要加大诱惑力，从经济待遇和政治待遇上去吸引人。

3. 师资缺乏是各地区面临的危机，招聘新教师入职刻不容缓。这就要求教育管理部门加强对教师的培训，尤其是对新教师的培训。应该从基本教育原理、教育素质、课堂流程开始培训，从基本功开始培养。把规范落实了再去创新，不可大跨步，不能搞省略。

4. 教师的成长，边学、边做、边思考不失为一个好办法。新教师入职应该先安排在一所管理优良、教师素质高、群体氛围好的学校学习和感受，入门时起点高才能成长快速，少走弯路。

这次评委工作，让我有了教师培训主题的方向和细节处理的思路。

2016 年 5 月 29 日

在位司职，谋政展能

作为副校长，在平常的工作中，我的做法是——不越位、不缺位、不错位，找准位置、做好自己、实现价值。

一、愿做绿叶，沐雨栉风，只为鲜花输送更多营养

副校长办事有时难免尴尬：可以参谋，不能拍板。这个岗位我干了七年，但从未在这种“尴尬”中迷失。

去年端午，我走进马鞍山实验学校，首个任务是当好校园文化建设的“总设计师”。大气雄伟的建筑，合理雅致的布局，现代化的设备，这样的校园该涂抹哪种色彩，装点哪种风格，形成哪般文化？将近一个月，我拼命学习，拓展思维，积淀底蕴，每天凌晨两点才休息，有时躺在床上，突然有了灵感，急忙起床记录和修改方案，经常会吵醒孩子。孩子说：“妈妈，你工作太拼命了！”一个月的商榷和论证，我们立足现状，集思广益，确立了“阳光”

为学校办学精神，以“阳光和谐、书香儒雅、静谧笃学、快乐个性”为校园文化建设的主题词。我们还以“校园文化节”为思路，开展了礼仪节、读书节、科技节、艺术节、体育节、风筝节等活动，让校园文化灵动起来，让校园生活生动起来，德育获得了鲜活的生命力。正是由于我们的努力，学校校园文化得到了教育局的充分肯定。

二、既做将尾，又做兵头，当有勇有谋的急先锋

舞台每一处都是好位置，关键看你的表演是否精彩。学校内务，简单四个字，我却倾心竭力。建校一年，迎接各级检查不下50次，大型会务、提供现场，我协助校长策划、协调、安排，从不马虎。6月份接到通知，我校代表华容县参加岳阳市经典诵读比赛，准备时间仅15天。校委会集体研究，任务交给我。15天里我们没有午休，没有周末，没有固定时间的晚餐，没有正常作息，连续不断地训练，嗓子练哑了，眼睛熬红了，精神却十分饱满。6月22日，我们的团队在全市20支参赛代表队中获得第二名，望着大家和着汗水和泪水的笑脸，我觉得值。

督查教师考勤，规范上下班是我的工作，我习惯性记下每一个7：30前到校的教师名字，周一例会时表扬，会议一散就有教师跟进办公室说：“你让我晚上加班多晚也行，我家务事多，不能提前到校。”我回应道：“每个人的情况不一样，只要不迟到就行。”“但你表扬别人，我就有压力，觉得自己没做好。”教师心底的压力，更多的是压力背后价值取向的变化。从此，我不再表扬早到的教师，但我仍然提前在校门口迎接师生的到来，见到早到的教师，及时打招呼；碰见晚到的教师，就悄悄地走到一边。既暗暗表扬了早到的人，又提醒了晚到的老师。现在提前到校已经成为教师的习惯，一切

工作总是走在时间的前面。学校工作氛围的建立，就是让制度内化成师生的行为习惯，最后才能沉淀出学校独有的精神文化。

三、蝶舞群芳，不为展示婀娜的舞姿，只为做好教师的贴心人

管理，简单点就是服务，贴心服务让管理散发阳光。

我当本部副校长时，在早自习巡查过程中，发现好几个老师不在教室，调查发现,属中途离岗吃早餐——上早自习做早餐来不及,饿着肚子又受不了。解释牵强，但一味责难也有违人本。我平心静气地向学校行政班子提出为老师提供健康早餐的建议，当时困难重重，工友不够，时间不够，工资不够，所需设备不够等。几次三番商讨，终于敲定，我们承诺一周内让老师们吃到早餐。一碗海带汤、一碗面条、一份咸菜，让老师们舒展了笑容。

我曾经工作的学校，发现同事们对一个年近60的男老师有些反感，说他刁钻古怪。其实他有心伤，女儿大学毕业轻生，美满家庭在顷刻间坍塌，他自己又患糖尿病。周末我等他一起坐车，关心他吃什么药，叮嘱他要注意饮食；课余偶尔去他家坐坐；春节，我们全家去给他拜年，女儿第一次叫他外公，他噙着泪答应了。那年腊月二十六日，我驱车100余里给他送县里的困难补助，在一个偏僻的小巷，我终于看到了老两口，花白的头发在寒风中飘飞，手里捧着给我驱寒的一杯姜盐茶，我忍不住给了他们一个拥抱。后来，我托付他管理学校机房，他拍胸保证；他还主动申请教九年级物理，参加了学校集体活动。

“在位司职，谋政展能”，作为副校长，我尽职尽责，享受了工作的快乐，实现了自我的价值。

（该文为作者在华容县教育局行政骨干培训班上的发言，有删改）

做个有魅力的校长

陶行知先生说："校长是一个学校的灵魂。"如何使自己成为学校的"魂"？我以为校长的人格魅力是最关键的元素。在教育教学的工作中，人们时时事事都关注着校长，希望从优秀校长的身上获得启迪与方向——工作的激情、敬业的态度、奉献的精神、博爱的胸怀。作为一名校长，我们应该使自己成为具有现代人格意识、人格素质的领导者。

魅力校长首先要成为一个"拥有年轻态与美丽"的人。托尔斯泰说："人不是因为美丽而可爱，而是因为可爱而美丽。"拥有年轻态的人一定会是一个飞扬激情、美丽的人。

以往在我的心中，校长是最有威严的人，整天披一件"老气横秋"的深蓝色中山装，板着面孔，背着手到处巡查，声音凝重深沉。做校长后，我很不舍地把以往的时髦和活泼都深锁起来，任何场合都正襟危坐，唯恐坐在主席台上不像校长。大家都说我成熟了，办事风格沉稳得与我的年龄不相称，其实细心想想，就知道是委婉地说我老气古板了。在一次圣诞节的文娱活动中，有位教师问："校长为什么不穿裙子，其实你很年轻，可以很美丽。"我听后心头一震，难道不到30岁的我就应该丢弃美丽，远离年轻态吗？2006年，在"全国新一线骨干教师培训"中，我有幸和"玫瑰校长"窦桂梅一起交流，她的一句话打开了我的心门，"我首先是一个女人，再是一个校长，所以我必须做个美丽的人，用我的美丽和年轻态来带动大家快乐工作、愉快生活"，这种美丽就来自年轻积极的心态。相处一个月，我见到的窦桂梅确实是一个时尚、健康、自信、激情四射的人。无论是在课堂，还是在工作之余，她都是色彩缤纷、风姿绰约的人，可是她作为校长的形象仍旧是那样的吸引人，丝毫没有改变所谓的校长威严。那一刻我才明白，原来我们也可以这样做校长，做青春美丽、年轻态的校长。

人的美不在外表有多帅、多漂亮，干净整洁、和谐得体就好，更加重要的是内在，它包含一个人的学识、涵养、健康的身体和心理等方面，这一切可归纳为“魅力”二字。一个人有一定的办事能力，能多为他人着想，能够大公无私地工作，或者还拥有超出一般人的潜质，口才是一流的，文采是丰富的，歌喉是嘹亮的，言行是儒雅的，生活是独立的等等，走路昂首挺胸，交流谈笑风生，工作有条不紊，思考缜密有序，学校就会在这样的校长的带领下催生出一种积极向上的精神。

魅力校长要是一个“拥有自尊和健康”的人。以自尊获得他人尊重，是魅力；以尊重他人获得他人尊重，是理解。自尊是骨子里的，骨子里没有，你是怎么也装不出来的。所以说，“人淡如菊”，“人必先自爱而后人爱之，人必先自助而后人助之”。校长的魅力就建立在自尊的灵魂身上。

记得到新岗位后开第一个例会，面对百来双眼睛的审视，我确实有些忐忑，不知道该怎样来开这个头。思考良久，我选择了倾心、低调。首先告诉老师们，我是个女人，有女同志的细腻，可我也有宽阔的胸怀；我是女人，我也有女人的柔软和不足，需要大家的帮助。大家可以暂时怀疑我的能力，但是我有自尊我懂自爱，我会用积极、真诚来继续今后的工作，我一定会在大家的帮助下进步。在学校工作的每一天，我总是一身运动装、一双球鞋，精神抖擞，满面春风，清晨和学生一起跑步，夕阳下和老师一起打球，闲时和老师散散步，脚步轻快，笑意飞扬。有人纳闷：“你吃了什么营养滋补品，精神那么好！”饮食方面，我从不挑剔，什么样的饭菜都觉得可口。那旺盛的精力的源泉到底是什么？我要说，校长的旺盛的精力来自高度的责任感、事业心，来自信念，来自健康的身心。开学典礼上我讲话，讲了三个小故事——三个与教学质量和学习成绩没有任何关系的小故事，向师生提出了一个要求：做一个有修养的人。这是我们一生的目标，最有意义的目标。坐立行走，谈吐礼仪，健康心态身体，举手投足，包括微笑。后来校园里经常听到“你好”，经常见到微笑，同事和来校的家长都讲学校到处都是笑容。学生们也经常说：校长有活力，笑容好灿烂。每每有家长因为一些误会埋怨学校指责我个人时，学生们都据理力争，还会说：我们校长是好人！

魅力校长要是一个“具有人味、人性、人情”的人。人味，就是校长必须像个人样，有自己的喜怒哀乐，有自己的个人爱好。一个让教师无法理喻的校长是绝对不会博得人们亲近的。人性，就是校长必须像性情中人，具备人性之中的一种正义感，一种“达则兼济天下”的使命感和责任感。人情，就是校长必须像“大众情人”，让学校中的每一位教师都能得到关爱，让每一位教师都产生发自内心的信任感。

我习惯与老师们进行短信交流，记得上个教师节，我针对每一位教师的个性，编辑了近百条不同的信息发送祝福。后来大家都告诉我：“信息问候不稀奇，可是像你这样用心撰写、真心祝福的人几乎没有，校长真有心呀！”我认为，做事情要有自己的特性，只有把任何一件小事都当作大事来做，才会有好的结果。

有个学期，我们学校猪场的80多头猪在不到一个月的时间内全部消失。先是40头染病死亡，后40多头在半个小时内死亡。那天第二节课接到后勤处的电话后我赶到猪场，看着三四十头猪倒地毙命，我人都蒙了，傻眼了，害怕、焦虑、不知所措。大家都乱成了一团。先不说损失，首先想到的是安全。我打电话说学生食堂和老师食堂的开餐，没有我的允许不准进去一个人。一位副校长拼命地打电话，向公安局、卫生局、教育局、畜牧局等相关的部门汇报，两个小时内全县各个部门机关都赶到了学校。最紧要的是查清原因，但是食品检测结果不会那么快出来，为了安全起见，我们把做好的饭菜全部倒掉了，并向学生告知原因，每人发三元钱自己回家就餐。第二天结果出来了，不是中毒，也不是投毒，大家都松了口气。可是大家心中有了阴影，尤其是学生，中午不敢吃饭。我们可以想象，热气腾腾的饭菜摆在桌上却无人动筷子。怎么办呀！这时班主任什么都没有说拿起碗筷就吃，在场的老师与值班的老师们拿起碗筷也大口大口地吃，学生才开始用餐。那顿饭时间很短，但却异常难忘，在向外人说起这件事情时，很多时候我都会热泪盈眶，我为老师们这种自觉的举动而感动。一些校长打电话开玩笑说："你节哀顺变吧！死者长已矣！"我只告诉他们这没有什么，可是80多头猪十多万元呀，能不心痛吗？人郁闷了好多天，走不出来。例会上，我向大家道歉，向大家解释，请求大家理解。我们的老师在那一刻很安静，用无声的语言接受了现实，用坚定的眼神下定了决心。我们校长室的成员是顶着怎样的压力度过那段难受的时光的？我想这就是校长的人格魅力在牵引着大家，潜移默化地感化着大家。

好几年没有进过课堂了，春节在家休假，意外地接到了学生的电话，学生的言语激动，反复说着她一直都默背着这个号码，就怕老师换了电话。电话通了后，那边，她倒豆子一般地说着；这边，我的心一酸，鼻子抽泣起来："真没有想到，还有学生记得我，太让人高兴了，谢谢你！"我很不自然地为自己掩饰，电话那头突然变得异常安静："我们一刻也不曾忘记老师呀。""我可没有想你们这些调皮鬼。"我欣然答允。可话还没有说完，声音就哽咽了，言不由衷的话语触到了心底最脆弱的地方，让我阵阵心酸。他们并不知道，我从来都不曾离开他们，从未停止过对课堂的牵挂，多少回梦中依稀站到了讲台上，我多想回来继续课堂的精彩呀！我强压着情感，请她转告她的朋友，我一直都在你们身边，请相信，我会静静地坐在你们身后看你们工整书写，我会悄悄读你们渐渐丰满的文章，我会默默注视你们健康的背影，我们都不曾失落，我们一直都在收获，因为你们的每一点进步都是我们共同的收获。

魅力校长要是一个"宽容待人、善于赞美"的人。宽容是气度，一种达观的气质，是人格修养的重要内容。我经常在例会上这样讲：教师可以平凡，但不可能平庸；可以做凡人，但也要学习伟人。一个人可以不够聪明，也可以犯错，但不可无动于衷，面对生活不可没有激情。

魅力校长要是一个"对幸福特别敏感"的人。我们的幸福是什么？可能大家更多地认为是责任。如果大家只对责任敏感，对幸福不敏感，势必会生活在压力和烦恼之中。只有学会在瞬间有所感触时品尝到幸福，我们的工作才越来越有新意，我们的幸福才会比任何人都来得简单。

闲时我总喜欢反复地读学生给我的信，读我给学生的信，直至读得泪浸信笺，读得无语凝噎。学生用最自然最平实的口吻向自己所信任的教师述说：我进步了，我胆怯了，我陷入了困境，我又管不住自己了，我开始懂事了，我明白了，我想念课堂了……那份信赖，跃然纸上。不加任何修饰的语言，甚至幼稚，甚至不通顺，但会读得我时而欣喜，时而豁然开朗，时而信心十足，时而热情高涨，最后不得不含泪收拾起一件件往事，关闭尘封的记忆，用朝夕相伴的孩子深情点燃我“乐此不疲”的精神之火。

校长的幸福就是做一个能被人信任的朋友，做一个拥有思想和激情的好教师，做一个能引导师生走上健康之路的导师，做一个能给所认识的人丰富多姿生活的平凡人。

精神伟岸，人格才会漫溢身边；信念坚定，魅力才会暗暗滋长；心境平和，幸福才会常伴左右。校长的人格魅力也就这样简单地驻在我们身上。

（该文为作者在岳阳市校长培训班上的发言，有删改）

第三章

教育管理是塑造生命的艺术

教研需要“化蝶”精神

从读书懂事起，我就明白“春蚕到死丝方尽，蜡炬成灰泪始干”是辛勤园丁的生动写照。然而，自从我当上了园丁，对这句话又有了新的诠释：春蚕因吐丝自缚而获得了新生，蜡炬因照亮别人而升华了自己。它们的勇气源于执着无畏的精神。我想，我热衷于教研，正是为了从传统的教学中积淀成茧，然后，我期待着也努力地破茧而出，化成一只彩蝶轻舞教坛。

走进教研

优秀是一种习惯，但它不是与生俱来的，优秀要靠我们自己日积月累形成本性，变成天性。所以我把优秀变成一种习惯，使我的优秀行为习以为常，变成我的第二天性。

1996 年，18 岁的我没有实现留城的理想，但丝毫没有减少我对教育的渴望。于是我选择了艰苦，主动要求到了边远乡镇操军这个陌生的天地。凭着在师范受到的严格教育，凭着一股不服输的干劲，凭着对这份事业的倾心，很快我就在小学的讲台上找到了自己的位置。年少轻狂的我，仿佛真感觉到了“世路如今已惯，此心到处悠然”的快意。

直到有一天，学生扬起蓓蕾般的小脸，怯生生地说：“老师，要是我们每节课都上公开课就好了！”

“为什么呀？”

“上公开课最有趣，我们学得有劲，还能看见老师笑！可不是公开课，就不一样了……”

看着他们期盼的神情，仿佛还沉浸在曾经幸福的公开课里。可就是这样一句童真的话语，让我的自信与悠然荡然无存——我还需要更多的思想，只有持之以恒的教学研究才能催生这种思想。

教而不研，是为愚；研而不教，是为虚。为了让每一堂课都有公开课的意境，激发学生的学习兴趣，保持对课堂教学艺术的高度敏感，我强令自己写教例分析，搞创新设计，和学生一起用综艺游戏、大胆猜想、模拟竞赛、长期作业等方式学习，让我们的每一节课都能轻松高效留下深刻记忆。我和我的四五十个学生，就像一群天外飞来的鸟儿，活泼伶俐地在学海里漫步嬉戏。慢慢地，我带的孩子活泼了，课外知识丰富了，综合素质提高了，尤其是写作水平有了质的飞跃，有好几名学生的作品还在报刊上发表了。很多同伴发现了我和学生的秘密，我们的长期作业成为大家最喜欢的课外读物。我终于找到了我的乐趣，也初尝到了成功的喜悦，第一期统考，我班的语文学科质量获全镇第一名，我几次参加县、镇教学比武，都获得了一等奖。我决心用我的实践坚持对课堂教学艺术的追求：崇尚美，力求趣。1999 年，我被任命为操军中心小学教导主任。坚定的守望中，我有了追寻的新舞台。

作茧自缚

在人与人的关系以及做事情的过程中，我们很难直截了当就把事情做好。

担任学校教导主任后，我的工作负担几乎是成倍增加了，教学常规管理、中心工作、差不多从零开始的教研工作，还有迎接各级检查、组织各种活动，工作的压力使我喘不过气来。但我懂得欲得珍珠下大海的道理。根据学校实际，当务之急是把教研工作抓起来，把教师的教研积极性提高起来。一个学校质量的好坏，决定因素是教师，如果学校的教师都潜心钻研教育教学，个人素质上来了，什么工作自然都能做好了。于是，我开始暗暗实施我的计划。要实践，就得有底气，这底气来自读书。学校没有资金买书，也没有为教师个人开支的传统，我就用自己微薄的工资订购了一大堆教育教学杂志借给老师们看，并在宣传窗开辟了一个“亮眼睛”专栏，专门给老师们推荐和提供好书的信息。沐浴着书的霞光，老师们的精神面貌改观了。每周例会上，都有一个保留节目——“我的体会谈”。我从刊物中精选好的典型课例并结合自己教学的体会与老师们交流，老师们新的读书心得、教学体会邀请大家一起听。我带头上公开课，有空就请老师一起听课、评课，虚心向老教师请教。就这样，我用我的兴趣和激情潜移默化地影响着我的同伴。学校出现了教研活动争先恐后，教研辅导座无虚席，教学论文精益求精的崭新局面。为了大面积提高教师业务水平，我趁热打铁，分段制定了学校教研制度，引导教师积极投身教改热潮。学校首次引进了国家“十五”规划课题“自我教育”的子课题，主持创办了校园刊物《萌芽》，给全体教师更多的教研动力。执着的钻研与创新，迎来了满园硕果。我先后在《教师报》《中小学素质教育》《华容教育》发表教研论文 30 余篇，参加县课堂教学竞赛捧回了一等奖，辅导学生说话竞赛摘取了一等奖的桂冠，参加县教师朗诵比赛获得了特等奖。在我和同事们的努力下，学校被评为了县常规管理示范校。更让人高兴的是，我被评选为首批市级骨干教师。为了工作，我的孩子从出生就没有得到过母亲的温馨关爱，孩子才两个月大时我就投入了工作。关心我的朋友问，你这是何苦呀？这么辛苦不累吗？怎么会不累！但我知道，我的累里有领导、有朋友的关注，尤其是每次大型活动结束，我的同事都会围在身边问这问那，我就觉得幸福，因为我时刻穿行在他们牵挂的目光里。每当这时，我最乐于把外面教学教研的精彩和拼搏进取的信念，一并植入他们的脑海，然后，和他们一起深情地走进我们的课堂。

破茧成蝶

“半亩方塘一鉴开，天光云影共徘徊。问渠那得清如许？为有源头活水来。”宋朝大理学家朱熹的读书感悟一直启发着我。我酷爱读书学习，一杯茶，一盏灯，捧书细读，尽享“着我扁舟一叶”的畅快，尽享“交流有新思想，行动有新创意”的乐趣。2000年，为了工作需要，我调任操军中学副校长。在操军中学两年的日子里，是我实现蜕变最艰辛的日子。首先我要承受来自中学权威对我一个小学教师的挑战，接着要面对摆在我面前的全新的教学内容和我行我素的教研形势。困难总是有的，我没有被吓倒，相反，我要向我的老师们展现出我的坚韧不拔。于是，我主动申请负责学校教研工作、中心工作、档案管理工作，还担任课改年级的主管校委，由任教小学语文改为七年级数学。自己给自己出了一堆难题，逼迫自己在压力中获得重生。凭借自己在市级骨干教师培训中培养的功底和博览群书获得的知识理念，在工作中求实求真，放手开展教学创新和教研创新。在全力组织课改年级新课程新理念教学实施推广的同时，着眼长远，在全校范围内开展“每周一课”的新理念通识培训，每月一议的“教研热点”，每期一次的“教学竞赛”等活动。“每周一课”培训的内容是收集了教师的意见后确定的“教研热点”；教学研讨的内容就是“教研热点”形成共识的方式方法；“教学竞赛”就是方式方法的操作运用，有教学策略、教法运用、教学艺术、教学细节、教学设计、课堂评价等。第一次活动至关重要，为了寻找合适的素材，准备精辟的案例，找准教师疑难的突破口，激发教师的教研兴趣，四十分钟的讲座，我整整准备了三个星期，阅读了将近30本书，写下了几万字的笔记和心得体会。我把讲稿一遍一遍地消化、筛选、修改，力争有说服力。每周赠言、教学沙龙、主题研讨、教学反思，在新理念的主导下营造了教研新气象。一次培训，一点进步；一次交流，又一点进步，这微小的成功让我更加痴迷教研的效能。那段日子，身体的疲惫无法言语，晚上能睡上五个小时就是奢侈。人在紧张、充实、愉悦、期待中清瘦了、憔悴了，可精神却异常振奋——我想：要破茧重生就得付出常人难以想象的痛。我的思想得到了大家的认可，我的价值有了闪亮的金点，我用不怕输的精神获得了重生。

蝶舞杏园

优秀是一种天性，无论是顺境还是逆境，天性都不会改变，优秀都不会贬值。

教研氛围空前浓厚，时机已经成熟，我开始实施我的校本教研计划，早已在我心中酝酿成熟的学校教研管理制度、教研网络、校本教研实施方案、教研工作规划、课题研究方案等一气呵成，新鲜的教研交流方式、全新的教研行为进驻每个教师心中。我注重教师的教学实际，从身边的问题开始探讨，坚持问题就是课题的研究原则，号召全体教师坚持写教学日记和教学体会。通过一学期的努力，我们的校本教研经验得到联校和县局、市教科所的充分认可，先后在《华容教育》《中小学素质教育》刊文推介。全校教师在各级报刊发表和参评获奖的论文达 26 篇，在学生评教问卷中，我的满意率达 100%，所有运用新理念教学的教师受欢迎率都在 90%以上。一个学生在给我的交流信中写道："周老师，在你的眼里我们都是好学生，从不打骂我们。你的教学是那么生动，我最害怕的数学课现在成了我最喜欢的课了，我很荣幸成为你的学生。"赢得了学生的心，就赢得了整个春天，这就是我最大的欣慰。2005 年 4 月，我被县教研室推荐到长沙参加"自我教育"课题课堂教学竞赛，教学设计和赛课均获省一等奖，谱写了操军中学教研史上崭新的一页。

因为我的执着追求，我的教研之路越走越宽阔。联校综合考核我的得分全镇第一，多项工作业绩经常得到领导表扬。我始终坚持兢兢业业的工作原则与平等待人和谐相处的做人原则，在各界领导和专家的帮助支持下，我的教研工作循序渐进，成绩显著，个人的多篇教研论文、体会在各级报刊发表与获奖，“猜想”教学模式在数学教学中收到了可喜的效果，并在全县进行了经验交流。操军中学的全体教师也由制度约束参与教研活动变为了一种积极有益的自觉行为，全校教研气氛浓厚。通过磨炼，我也从教研的入格走到了出格，化作了一只彩蝶，在操军中学的教坛自由飞舞，欣赏着我和教师们培育的一朵朵艳丽的花朵。

偶有闲暇，我观看了抗日故事篇《亮剑》，八路军面对装备精良的强敌而得胜，靠的就是古代剑客遇敌就亮剑、敢于亮剑的拼搏精神。我想，作为教师，我们凭什么提高教学水平，提高教育质量？只有遇到问题敢于研讨、不怕失败、敢于实践、敢于作茧自缚，才能成功。有了这种“化蝶”精神，我们的教研将出现一片灿烂的天空！

校本教研，亮出学校个性

为了探究教学研究的基本规律，完善学校教研活动运行机制，我校本着以师生为主体，以人的发展为根本，以培养创新精神与实践能力为灵魂，积极开展校本教研活动，形成了学校教研的个性和特色。

一、统一认识，建立制度，保障活动的落实

1. 校领导提高认识，做校本教研的先行者。

（1）“每周论坛”制度。每周星期一校委会会议前30分钟，由一位校委会成员作主要发言。校长、副校长和教务处、政工处、团委会负责同志等都要联系自己工作的实际，用新理念谈工作思路，相互交流教育、教学、教研管理的经验，总结一周来教学得失，为校本教研出谋划策。

（2）“每周寄语”制度。为了营造和谐向上的校园氛围，学校开辟了一

个文化专栏——师生赠言栏，由师生轮流赠言。赠言的内容都是从新课程改革角度出发，是一些对全体师生的学习、生活、工作、做人有启示和警示作用的话语。这一专栏已经成为师生生活中必不可少的一部分，已经成为校园文化的一道风景线。

2. 教师加强学习交流，在校本教研中共同成长。

校本教研要求教师相互沟通，相互帮助，同时也要求教师有个人特色，不盲从。这就要求我们必须创设教师互动交流的空间。

（1）每期一次的“校本教研”意见征集。本着“教师需要什么就培训什么，什么有疑难就研讨什么”的原则，学校教研室向全体教师征集意见。然后把教师提出的问题归纳成典型案例，分月探讨，坚持“问题就是课题”的指导思想。每月教研室会提前向教师公布探讨“主题”，课改研讨的时间一到，全体教师聚集一起，集思广益，解决问题。

（2）半月一次的课改研讨会制度。每逢单周星期四，全体教师在多媒体教室集中学习、研讨，做到了“五个一”，即每次一份学习资料，每次分析一个教学案例，每次探讨一个教学主题，每次一篇心得体会，每次对教师提出一份工作建议。我们已经探讨的主题有：教师的关注与期待、关注学生的课堂感受与处境、怎样改变提问方式、课堂上的人文性和趣味性、课堂上怎样评价学生、怎样提高学生参与度、培养学生学习信心的策略等。问题来自身边，解决也从身边开始，教师的素质在研讨中不断提高。

（3）个人创造和集体备课相结合的备课制度。同年级同学科每周进行一次集体备课研讨，博采众长，确定初步的教案。也允许“百花齐放”，由教师在集体备课的基础上进行个性化的再创造，重点是根据本班学情进行教学调控。将以往过于强调教学设计格式统一淡化，把静态的、封闭的书面抄袭行为变为动态的、开放的、以心灵交流为主的研讨活动。

（4）听评课制度。公开课要常听，关键要会“评”，评的目的就是为了寻找最适合的教学方法。学校要求每位教师必须自始至终参加学校、年级组、教研组组织的教研活动，积极参与说课、授课、评课、教学反思，充分发表自己的见解，并且做好详细记载。每个教研组都有客观真实的活动记载，教师在教研活动中的表现直接记入学校考核中，并与结构工资挂钩。

教师们是从制度的约束下走进“交流中心”，慢慢地他们感受到了在校本教研中学习交流的乐趣，变成了一种自觉行为。

二、深化研讨，促进交流，提高活动的成效

在校本教研的实施过程中，我们重研讨，促交流，形成了一种宽松、开放的校园研究氛围。我们的教师不管在工作时间还是业余时间，经常自发地坐在一起进行教育教学的讨论和交流；教师都能自觉地去听课，主动去交流，相互学习，人人都有激情，大大提高了教研活动成效。

1. 丰富教研新形式。

新理念引领新行动，我们在常规教研的基础上增加了新的活动形式，使教研活动“旧貌”换“新颜”。

（1）教学沙龙。教学沙龙分书面交流和座谈两种形式。如语文组开展的“珍视学生的阅读感受”“散文的朗读教学”教学沙龙活动。

（2）典型案例剖析。理化生组对“洋思中学——每堂课只讲4分钟”的典型事例分析，并在教学中进行实践总结提炼，不简单照搬别人的经验。

（3）帮助新教师，追踪听评课。如教师招聘时的考核课、上岗教师的过关课、青年教师的提高课等。

（4）主题研究。如英语组进行的“在英语教学中如何培养学生积极的情感”的主题讨论。

（5）公开课、示范课、观摩课。如每期一次的“新课程、新课堂”教学开放活动。

（6）心得体会交流会。因为故事都来自课堂，真切体会都来源于身边，真实可信，有说服力，所以心得体会交流会成了最受欢迎的校本教研形式之一。

这些活动改变了过去单一、参与面不广的教研现状，切实提高了校本教研的针对性和实效性。

2. 启迪教师新思维。

教师在教学实践中自觉进行研究、反思的意识逐步形成，教师在自我反思的基础上能全面开放课堂，展示自我。我们经常能听到这样的邀请：“你今天能听我的课吗？”在学校的通知栏上经常能看到这样的“海报”：你对小组合作学习有兴趣吗？欢迎您参加数学组关于“如何组织有效的小组学习”的主题研讨。校本教研深深地吸引了一大批勇于开拓、敢于尝试的“热心人”，教师角色得到了迅速转换：教师们会用微笑面对学生，尊重、爱护每一个学生；教学语言亲切风趣，少了批评，多了鼓励，课堂体现了民主、平等、和谐的人文精神；教师开始追求课堂的“动态生成”，注重“思维能力”的培养，注重小组合作，注重情感交流。尤其是大部分年轻教师，会用有趣的游戏、真实的情境、新奇的事物、时尚的语言，让学生在体验中学习，在现实生活中学习。教师的教育教学工作民意测验中，95% 以上的教师获得学生的好评。学生在调查表中写道：我为自己成为操军中学的学生感到幸运，为有这样的好教师感到幸福。

3. 开创课堂新气象。

新课程实施后，生活与课堂有了更加紧密的融合。我们的课堂不再是一间教室，而是整个社会，整个大自然，整个世界。课堂上自主、合作、探究成为主要的学习方式，实验操作、小组交流成了主要的学习手段。学生有了自我评价和对他人评价的机会，有了自主选择和张扬个性的空间，有了真情告白、表达意愿的权利，我们经常有被震惊、被折服、被感动的时刻。课堂上不再规矩和宁静，有的是平等对话，是师生互动、生生互动，是教师和学生课堂活动一体化交融。随着新课程教学理念的逐步渗透，我们发现学生也变了，变得活跃了，学习兴趣浓厚了，交往能力提高了，口头表达能力增强了，自主学习意识浓厚了。

用心交流，用爱面对，用情感悟，执着追求——这就是操军中学全体教师执着教研的写照。

（该文发表于《当代教育论坛》，略有修改）

做好校本教研的“十个一”

校本教研作为一种实践性的研究活动，在新课程实施过程中越来越受到关注和重视，“以校为本”是校本教研的重要标志。怎样的校本教研才能扎实有效，是我们思考的首要问题。我校以低起点、严要求、强实效为实施原则，教研课题以解决本校教育和教学管理中出现的具体问题为出发点，教研形式从本校实际需要出发，教研成果以是否提高教学管理和教学水平为尺度，力争在基础工作中求得认同，在实践摸索中求得进步，在反思创新中求得发展。

1.“每期论坛”——从开好一个会开始。

校本教研是教师专业成长的“摇篮”，教研组是提高教师业务水平和教研能力的“自己的组织”，是教师向往的“活动中心”，要让教师真正乐于进入它，强化校本教研管理和教研形式设计就成了顺利进行校本教研的前提。每学期我校都会在开学第一周召开教研组长、备课组长、课题组成员及骨干教师的座谈会，会上征求大家的意见，对本期急于解决什么问题、本期想开展哪些教研活动、该如何组织实施、该制定什么层次的相应制度、要达到什么目的（目标）等问题进行讨论。集体制定教研计划、教研工作行事历和教研制度、奖罚制度等。由于活动生长于“自我需要”的土壤上，制度形成在“自愿督促”的空气中，所以教师都有积极参与的主动性，教师都朝“多出成绩、出好成绩”上努力，体会到校本教研的快乐和重要性，找到一种久违了的“教研情结”。

2. 校本调查——从一份调查中起步。

“人最大的对手就是自己，只有清醒地认识了自我，才能不断完善自我，超越自我。”这是我校教研自我评价的理论依据。为了帮助教师正确寻找自身的“需要点”，我校坚持每期一次“校本教研情况调查”。内容设计主要有：谈谈你的进步、谈谈你现在想解决的问题、谈谈你的具体做法、说说你的建议等，促成教师制定出适合自身的业务学习计划和实践工作计划。教研室再根据教师的困惑组织相关的教研热点探讨，坚持“问题就是课题”的思想，遇到一个问题就探讨一个问题，形成共识后再集体实施解决问题。这种寻找“自我”的方式解决了校本教研“一刀切”“整齐划一”的弊端，让教师了解到自我素质的不完美，把“校本教研”当作发展自我的一种迫切需要，有助于教师发展个性，形成教学特色。

3. 每周赠言——从写好一句话切入。

语言是一个人思维的外衣，教师只有关注了每一句话，受教育者才能从中感受到“师者”的伟大与崇高。为了营造一个和谐向上、凝重朴实的校园文化氛围，学校开辟了一个“每周赠言”专栏，由师生轮流书写。赠言人把观察到的、思索到的东西结合本校实情，撰写出对学习、生活、工作、做人有启示和警示作用的语句，以起到用先进的文化影响人、涤荡思想尘埃、净化心灵、净化校园的作用。这一专栏，已经成了校园文化的一道亮丽风景线，时时引领师生去学习、去创造。

4. 校本培训——从参与一次学习里更新。

“教育是一种力量。寻找这种力量，运用这种力量，就能让它得到传递与延续。”我们的方式是用心灵交换，在合作学习中产生这种力量。每逢单周星期四，全体教师自觉到多媒体教室集中学习，做到“五个一”：每次一份学习资料，每（教研）组分析一个教学案例，每月探讨一个主题，每人一篇心得体会，每次培训教师都有一点新的感受。校本培训的内容确定也是基于教师的教学实际。如：如何与学生交流？学生不主动发言怎么办？组织合作学习的策略有哪些？怎样提升教学用语的艺术性？如何维持良好的课堂纪律？怎样塑造教师的人格魅力？等等。校本培训的具体化、细节化给教师们的工作带来了切实可行的方式方法，给了教师全新思想，用心接受了，实施起来就水到渠成了。

5. 公开课、讲座、听评课——从主持一次教研活动中锤炼。

“教育能力的提升是教研活动的宗旨，能力的提升离不开实践的锻炼。”我们学校的每一位教师，不管年老年轻，不管任教何科目，每学期至少主持一次以上的教研活动——上公开课、听评课或者讲座。每次上公开课，不是为了上而上，也不是为了比而上，而是由各教研组先定好一个主题，大家先议一议，形成讨论稿后，再确定由谁来上。上完后，全组教师围绕这一主题进行评议：上得好的，给予充分肯定；不够好的，指出毛病、缺点，下次改进重上。搞讲座也是一样。听评讲座和公开课再不是“福禄寿禧”“大家都好”，而是有一说一、有二说二，有什么见解还可以当面提问。通过这种形式，老师们的教研意识、评价意识都上升了一个层次，有些教师还主动搞讲座，争着上公开课，邀请其他教师来听、来评，形成了人人争着参与主持教研活动的氛围。

6. 让读书成为习惯——从读一本经典专著中充实自我。

“书籍是人类文化传承和进步的阶梯，读书也是教师提升自我素质的有效途径。”仅仅上课、听评课，老师们还感觉到头脑空虚、理论匮乏，迫切需要充实自我。教研室向全体教师发出“让读书成为习惯”的倡议，号召全校教师每人每月至少读一本经典名著或者教育教学理论方面的书，学校图书室每周全天候开放，提倡教师买好书、读好书。学校行政从经费和制度执行上予以保证，保证每位教师每期100元的读书经费，保证读书制度严格落实不走样。教研室出了专刊，第七周校本教研会上，还举行了“读书会——我所喜欢的一本书”推介活动，效果比较好。大部分教师除了读书，还写下了数量和质量都较高的读书笔记、读书心得和体会。读书已成为学校教师长期的“中心学习”活动。

7. 教学随笔（叙事）——从撰写一篇心得中反思。

我们一贯提倡教师写教学后记、心得体会和教育随笔，并把它作为培养教师成为反思型、研究型、学者型教师的一条重要途径。经过提倡，绝大多数教师的教学后记是天天写、课课写，心得体会是月月记、周周记，教学随笔是年年写、期期写。由于养成了良好的习惯，一些教师是欲罢不能，几乎放假都在写；有的写出了教学艺术、写出了教育品位；每期一次的“教学随笔（反思）”比赛，我们都能从中看到教师逐渐成熟的脚印，看到教师思考实践的痕迹。我校青年教师在教学中反思、在实践中总结，自我素质提高迅速，课越上越好，连获省、县、镇级奖励，所写的文章也在各级教育报刊上发表出来。

8. 课例分析、集体备课——从一次合作交流中提高。

为了加强校本教研时同伴互助和专业引领，整合集体智慧，我校以教研组和年级为单位，实施集体备课制。每学科按年级分为一个备课组，做到三定：“定主题、定时间、定中心发言人”，在指定的办公室开展活动，学校检查常规工作时，对集体备课的情况进行重点督查，并计入教师工作量化考核分。每个月，老师们都以教研组为单位，探讨一个案例，由专业水平较高的老师指导示例；然后，各自分析一个课例，教师们分别写出个案分析。

此项也作为教师月常规工作考核的重要内容。由于有制度保障，并持之以恒，教师们的教学水平和科研能力在合作交流中得到极大的提升。

9. 教学竞赛——从展示一次教学个性中凸现。

学习是为了开阔视野，扩大发展空间，延续健康的发展，以达到凸现教学个性、形成自身特色、带动同伴前行的目的。我校以“教学竞赛”“教学开放周”为展示平台，要求 50 岁以下的教师每年必须上一堂竞赛课或者进行一次全校性的业务知识讲座，35 岁以下的教师每期为全校提供一堂“教学开放周”的研讨课，再从中选拔优秀教师参加全镇“教学开放日”的展示。一次竞赛一个模样，每次活动都让大家看到一个有激情和思想的教师正在茁壮成长，都能让教师得到争先创优的热情。

10. 教研成果奖励——从一次肯定中超越。

种种教研举措和实施制度，让教师对校本教研有规可依、依规而行，养成了良好的教研意识和教研习惯，取得了丰硕的教学教研成果，获得极大的成就感、满足感。学校每期进行一次“优秀教研组”“优秀备课组”“教改新星”的评比活动，对教研有贡献的教师和群体（备课组、教研组、年级组）进行通报表扬和奖励。学校每年还从有限的资金中拿出部分经费，对教师获得的教学教研成果进行重奖，鼓励教师争做科研型教师、学者型教师、明星教师。学校的奖励机制，大大提高了教师参与教研的热情。教师们在教育教学上人人敢争先、个个怕落后，大家的教研自主性、学习积极性空前热烈，主动研课题、主动上公开课的人比比皆是，再也不需要学校用行政手段来强迫了。几年来，我校教师勤奋钻研、刻苦思索，获省县教学奖励 12 人次，在县以上报刊发表教育教学论文 40 多篇，辅导学生竞赛获奖 63 人次。学校校本教研的具体做法，得到上级教育主管部门的肯定和赞扬，先后在《华容教育》《中小学素质教研》《当代教育论坛》杂志得到推介。

从以上实践中，我们深深体会到，搞好校本教研“十个一”，关键是从学校和教师的实际出发，关注教师们的心理需求；有的放矢，因教施研，这样的校本教研才会开得活、开得好；我们认识到校本教研的生命力——生长在教师的教育教学的实际需要上，绽放在具体可行的实施行动中。

（该文发表于《华容教育》，2006 年第 7—8 期）

涂画校本教研的“七色板”

赤橙黄绿青蓝紫，生活是缤纷多彩的，但生活也是严肃真实的。随着新课程的推进，校本教研披着神秘的面纱，来到了我们面前：教师为教研而活动，为应付而学习，为指令而行动，为形式而苦恼。在广大教师心中，校本教研是折磨人的新机器，是可望而不可即的“海市蜃楼”。如何识得校本教研的庐山真面目，成了我们一线教师的当务之急。

面对大多数人对教研的片面认识，教研的失真管理，教研的无效研究，教研的盲目行动，教研机构的瘫痪……我们彻夜辗转难眠。在极度的矛盾和困惑之中，我们开始反思：为什么会出现这种状况？校本教研的出路到底在哪里？如何转变教师们的教研观念？要怎样运作才会有实效？一连串的问题，让我们犹如一只迷失在汪洋大海中的小船，找不到正确的航向。我们开始了师生调查走访，冷静分析后发现，校本教研不能是挂在墙头作摆设的弓箭，它应该立足于教师自身发展需要，服务教学，指导教学，不再成为教师教学的负担，如此才会有生命力。于是，我们从根本抓起，大胆提出了校本教研“七色板”行动方案——从开好一个会开始，从一份调查中起步，从参与一次培训里更新，从主持一次教研活动中锤炼，从读一本经典专著中充实，从撰写一篇心得中反思，从展示一次教学个性中凸现，期望帮助教师在主题式校本研究中成长。

沟通从心开始。我们召开的第一个教研工作会是校本教研工作动员会。首先是校委会，统一领导层面的认识，把教研工作纳入学校工作的主要议事日程，领导带头重视和参与校本教研，为学校教研工作保驾护航。其次是教研骨干会，让教研组长、学科带头人、骨干教师对校本教研产生新的理解和热情，充分发挥骨干的带头作用。最后是教师会，深刻剖析师生教与学的现状和教研的必要性，挖掘广大教师积极参与教研的内驱力。开好了一个会，教师的教研抵触情绪转化成了提升自我、提高效率的积极需求。

实践从调查起步。我们深入开展学情调查分析，通过一份调查表，收集学生对教师上课的要求与希望；从关注一堂课中了解学生的情绪倾向、注意力变化、乐于参与的活动形式。于是，一个个真实的问题产生了，它来源于学生，来源于教师本身。为揭开自己关注的谜底，教师们自觉地参与研讨，校本教研便不自觉地起步了。我们的主题研讨议题，都是在校本调查的基础上，根据教师的困惑和学校实际情况而确定的；再由教师们收集资料，根据自己的实践写出材料，在研讨中提出见解；最后由教研组整合成最适合自己班级学情的实施策略。又是公布教研热点的时间了，醒目的海报早就贴在公布栏，通过教师问卷反映，结合本校实际，本月的教研主题是：学生不积极举手发言怎么办？这一份简单的通知，会让所有教师激动不已，因为他们一直想解决而没有解决好的问题终于有了解决的希望。

理念从学习里更新。我们深深地懂得，教育科研单靠热情是不够的，必须有教育理论作基础。每两周一次的校本培训，主讲由教师轮流担任。为了使每一次教研活动都能让教师的思想受到强烈的震撼，一次培训，我们要准备整整三个星期；为得到充实的理论依据，我们要阅读将近30本书。不断地寻找、筛选、融合、消化、修改，40分钟的讲座，成了学校业务学习的大餐，教师们都坚持从中汲取营养。我们的团队，在校本培训中，生活简化成了一杯泛着清香的菊花茶，淡淡的却又回味无穷，匆匆的身影和疲惫的身躯掩饰不住教师们闪着智慧和思考火花的欣喜目光。

能力从主持中锤炼。如果说参与是成功的希望,那么体验就是成功的保障。我们努力搭建教师交流的平台，创设教师参与体验的环境，让每位教师都品尝到成功的滋味。新鲜的教研交流方式，允许不同年龄的教师选择自己拿手的教研主题；全新的教研行为，鼓励不同层次的教师选择不一样的教研方式。公开课教师可以选择上研讨课、挑战课,也可以选择做全校范围内的专题讲座，还可以主持一次教研组、年级组的教学反思交流活动，在一定程度上缓解了教师的逆反心理，减轻了教研压力。学校每期一次论文竞赛和教学随笔竞赛，采取现场交流的形式，每位教师都是评委，从根本上杜绝论文抄袭、网上下载的假教研现象。

品位从读书中提升。不积跬步无以至千里，能纳百川方可成江河。我们发出了“让读书成为一种习惯”的倡议，号召全校教师每期至少读一本经典名著或者教育教学理论书籍，认真写出一篇读书心得。学校发放推荐书目，每学期为每位教师提供100元的读书经费。在“我们喜欢的一本书”读书交流活动中，老师们感慨地说：多读一些书吧！你会在书中变得纯洁高尚。

技艺从反思中完善。世界不是有钱人的，也不是有权人的，而是属于有心人的。教学反思的要求就是用心反思，自我完善。我们要求教师每天写一句教学感悟，每周写一篇教学反思，每月举行一次集体交流，让个别的案例在集体交流互动中形成共性的研讨主题，全体教师集体解决。一天，一位年近60岁的老师说，这几天我觉睡不着，饭吃不香，一周的反思下来，才发现自己在教学中有好多解不开的困惑。老教师的一句话，犹如春雷乍响，唤起我们内心的萌动，一种油然而生的使命感在我们不甘平庸的意识里涌动。这也正好说明我们的校本教研已经被教师们认同，已经成了教师们的一种潜在需要，借此我们专门举办了以“一位老教师的困惑”为题的教师交流会。情感在欢笑和泪水中交融，思想在商榷与争鸣中闪光。我们一直坚持身边的问题就是研究主题的思想，用团队的学习精神，在教学中坚持探索之旅。在农村中学的主题式校本教研实践中获得技能和发展，一批教研有心人迅速成长起来。

个性从展示中张扬。教无定法，贵在得法。不同的教师会表现出不同的教学风格。我们充分尊重教师的个性特点，让每位教师的教学特长都能在教学个性展示中闪光。以“教学竞赛”“教学开放周”为展示平台，50 岁以下的教师每年上一堂竞赛课，35 岁以下的教师每期为全校提供一堂“教学开放周”的研讨课，再从中选拔优秀教师参加全镇“教学开放日”的展示。无论年老年少，每学年人人上一堂公开课。大家都只有一个目标：学习借鉴，取人之长，补己之短。说课评课，再没有阿谀奉承的大话连篇，只有对绝妙教学技巧的赞赏和对具体问题提出的独特见解。这是集体智慧的碰撞融合，是教师个性的特色凸现。

我们深刻地认识到：主题式校本教研，它的每一项活动都为我们自己生长。就像家中的“粗茶淡饭”变换了花样，才有我们的厨艺一日千里。校本教研，是教师成长最好的工作炼炉，大家在不断学习中丰富自己，在合作交流中相得益彰，在实践反思中独辟捷径。久而久之，你会发现，校本教研的“七色板”上不仅仅是几个“代表作”，不仅仅是记忆中的“好活动”，而是在朴实的研究中脚踏实地走出你的个性人生。

校本教研“七色板”，锦上添花的确是一项长期而艰巨的工程，它依靠的是思想和激情的引导，需要思考和实践相结合，更需要甘于寂寞、矢志不渝的精神。当大家都能从这种意志的历练中得到升华时，我们新世纪的教学教研也就迎来了群蝶争芳、百花盛开的春天！

（该文获华容县第一届“教育论坛”一等奖）

这算不算优质课

——我看一堂没有达成教学目标的课

俗话说“鸟美在羽毛，人美在心灵”。评价一堂课的优劣，也应该像评价人一样，从课堂教学的“内在”来评判。我们在建立教师业务档案进行突击听课时，碰到了这样一堂没有达成教学目标的音乐课。这堂课的教学程序无懈可击——教学手段多样，运用了幻灯、语音座、小黑板、头饰，教学语言清晰，教学形式新颖，教学气氛活跃……但是，由于学生“质疑”，师生用手动脚学节奏、分析乐曲等活动的时间过长，导致预定教学目标“学会唱这首歌的曲谱”没有完成。这算不算一堂优质课呢？我们认为，这堂没有达成教学目标的音乐课也是一堂优质课。其原因是这堂课把“趣、实、活”很好地结合起来了，把愉快教育同尝试教学结合起来了。

第一，这堂课强调了学生主动参与、主动尝试，培养了学生一定的创新能力。

年轻活泼的音乐教师，为了鼓励学生积极主动参与学习，课堂上她允许学生抢答，允许学生选择性表演节奏或选择演唱小节，还允许学生走出座位帮助有困难的同学。在教音乐知识附点四分音符时，老师让学生先尝试 x · x 的划拍视唱，然后出示很多种记忆方法供学生学习，如 5 · 5 采用 sol sol 来记忆；x x x 采用“哒哒哒”词来记忆；最后让学生自己想方法来记忆。这一系列的教学方法，调动了学生学习的积极性，为学生留有创作的空间，促进了学生创造能力的培养。同时，把学生当成朋友来尊重、信任，体现了一种难得的现代师生观。

第二，课堂上允许学生提问，发展了学生的个性思维，锻炼了学生的说话能力。

学生能够提出问题，是他们积极思考的结果。这堂课教师给了几次机会让学生质疑，所有问题教师都是先让大家讨论，让学生当小老师，教师再进行评议，最后还要让提出问题的学生用完整优美的语句来复述。这样，不同层次学生的说话能力在不知不觉中都得到了锻炼和提高。

第三，课堂注重了因材施教，激发了全体学生学习的兴趣，真正做到了面向全体学生。

“学生程度参差不齐怎么办？”这是很多教师头痛的事情。为了避免“一刀切”“齐步走”的简单教法，教师因材施教，根据音乐知识的难易程度进行了小组竞赛，不同层次的学生作不同的要求，使全体学生感受到音乐艺术之美，从心底里爱上了音乐课。下课后，那些平常觉得“五音不全”的“厌乐群”也说音乐课真有趣。

综上所述，我们认为衡量一堂课的优劣，应改变以往一成不变的评价标准，要充分注意到这堂课所体现的现代教育思想，即使某个方面有点美中不足，也应把它列为优质课。教学目标未达成，我们却评价为优质课，这或许有悖于评课标准。我们大胆提出来讨论，就是想多多听听专家和同行的不同意见。

（该文发表于《华容教育》，有修改）

教学并非学校管理工作的唯一

某校新任校长初到学校，观察到学校卫生状况非常糟糕，整个校园环境凌乱不堪，不少学生学习马虎，品行也较差，教师们也是各扫门前雪，扭不成一股劲。怎么办？跟一些教师交换了意见，思考了一段时间后，校长决定从卫生工作抓起。

于是，在一次行政会议上，校长提出了工作想法，以为不会有什么人反对，所以也未给予太多说明。谁知，领导班子中当场有人说："学校主要问题是教学上不去，抓工作，首先应是教学，而不是卫生。"虽然这样，大扫除的工作还是布置了。但大扫除过后，校长发现，很多师生只是在例行公事，情况并没有根本改观。怎么办？他分析了一些师生的意见和思想，深感自己把问题简单化了。于是，他拟定了一份校园环境整顿计划，并把其中缘由在行政会议及教师大会上加以说明和强调，通过反复讨论，思想逐步统一，最后决定实施清洁卫生周计划。一学期下来，学校的卫生面貌得到了极大改观，其他工作也得到了长足的进步。

学校工作应以教学为主，但在这个案例中，该校长却先抓卫生工作，对吗？为什么？同样是抓卫生工作，为什么前后效果却是两样？

针对这几个问题，我们可能会得出以下结论：该学校学生学习马虎品行差，说明学校日常行为习惯培养有问题；学校脏、乱、差，说明学校管理有问题；教师自扫门前雪，说明学校凝聚力有问题；校长抓学校卫生工作最初得不到教师们的支持，说明学校的执行力有问题。因此，新校长首先从简单的卫生工作抓起，寻找工作的突破口，方向是正确的。

学校管理，关键是人的管理，人的精神面貌影响工作的质量。学校管理是一个系统工程，学生的教育包括方方面面，教学是学校的中心工作与重点工作，但其他工作也是育人的重要手段，校园文化、校园环境的建设也非常重要。

校园文化作为一种环境教育力量，对学生的健康成长有着巨大的影响。积极向上的校园文化，良好的教育环境，可以陶冶学生情操，构建学生健康人格，有利于学生正确的世界观、人生观、价值观的形成，有利于规范学生的行为，有利于培养学生的集体意识和协作精神，从而全面提高学生素质。所以抓卫生工作也是学校的重要日常工作。

如何创新学校管理，凝聚学校人心，进而推动学校其他工作呢？

第一，规范管理，民主理校。学校必须完善学校管理制度，按照管理制度，规范各类教育教学与管理行为。同时，在学校的管理过程中，注意让师生参与进来，让师生成为学校管理的主人。

第二，及时讲评，树立榜样。人都是有上进心的，在学校管理过程中，要对学校的各项工作加强指导与督促，及时进行检查、讲评。通过检查，发现典型，及时推介。通过典型引路，进行正确的舆论引导，形成比、学、赶、帮的氛围。

第三，先易后难，一抓到底。为改变面貌，必须先易后难，抓一项工作就要抓到底，抓出成效。通过一件事，表达校长抓工作的决心与信心，这样才能迅速打开工作局面。

第四，科学规划，突出中心。学校管理是一个系统工程，不能顾此失彼，必须进行科学规划。学校工作要突出教育教学这个中心，但是教育教学质量也是一个系统工程，学校工作方方面面都有育人的功能，所以不能片面认为只有课堂教学就重要，卫生工作就不重要。

第五，注重评价，提振士气。要想工作能全面推进，就必须加强各项工作的评价，尤其要提高师生工作学习的积极性与主动性。通过评价导向、奖优罚劣，改善师生的精神面貌。

第六，开展活动，凝聚人心。活动是凝聚人心的黏合剂，学校应经常开展教学竞赛活动、教学研究活动，开展参与面广的群众文化体育活动，开展工会小组活动等。通过活动，增强师生之间的交流与合作，增进友谊与感情，让师生以校为家、以校为荣，从而提高工作质量，提高学校办学品位。

学校管理不是只需要抓教学工作，而是要多举并进，方能达到教书育人的终极目标。

学会放手是一种管理科学

一个有着20年管理经验的副校长，因为人品好、能力强、做事稳重踏实，被选拔调入一所新建学校主管一线工作。校长对他信任有加，他主管工作也渐入佳境。随着工作的推进，事情越来越多，他开始有些力不从心了。终于有一天他到校长跟前诉苦：事情多，忙不过来，人累得很。校长询问："每个处室都有主任、副主任，你们的工作是如何分工的呢？"他回答说："唉，你不知道，现在很多工作都是我自己一个人做的。因为他们都说没有接触过，不会做，做不好，所以凡属有点创造性的工作都得我自己来。比如文化节工作方案的制定，他们拿一个方案，连基本的要素都不知道，与其我花时间去讲通，还不如我自己做来得快。"

他的累来自哪里？他这样做科学吗？

如何管理是个科学问题，也是一个艺术问题。作为一名学校管理者，要围绕学校工作目标，发挥每一个下属的工作积极性与工作主动性，最大限度地创造性地完成好各项工作。有些工作，只需要个人的力量就能轻易完成，但更多的工作需要大家齐心协力才行。如何发挥下属的工作积极性与主动性呢？要注意几个原则：

一是信任原则。一个团队如果没有信任是致命的，要相信每个下属都有积极向上的愿望，有完成工作任务的能力和水平。敢于放手，才能更好地让下属充分发挥工作的积极性与主观能动性，克服困难，完成工作任务。如果不信任下属的积极性、主动性，不信任下属的工作能力和水平，自然就无法要求下属完成相应的工作了，最终就会什么事情都自己干，导致领导者本人分身无术。每个人都有实现自我价值的需要，只要充分信任下属，用人不疑，他们自然能想方设法去完成领导布置的工作任务。如果在能力方面确有欠缺，应给以适当的指导，给出一定的时间进行锻炼，促其不断学习提高，一段时间后，自然就会成为一个出色的下属。

二是尊重原则。领导要有民主理念，不要希望自己成为一名统治者。统治者的形象，容易引起下属的不满，时间久了将会影响下属的工作积极性。人都有希望得到尊重的需要，当下属工作任务完成不好时，也要反复指导，帮助提高，只要不是主观问题，应该给予足够的时间进行改正。

三是指导原则。下属的能力水平可能不如你，需要你在工作上不断地指导才能提高。有时限于经验与能力的缺陷，工作上有困难是常事，下属需要锻炼的机会才能得到成长。人的成长是有过程的，不要企图下属什么事都能顺利完成，作为上级的自己，要时刻提醒自己有指导下属的责任。

四是激励原则。对于下属的工作，应该奖惩分明，以激励为主。只有经常进行评价，下属才能发现自己的价值，实现自己的价值需求。当然，采取什么措施与手段来保证上下同心，共同完成好本职工作与上级管理部门下达的各项工作任务，既是一个科学的管理问题，也是一个艺术问题。笔者以为，既要信任，又要指导；既要尊重，也要奖惩。只有在实际工作中多措并举，充分调动每一个下属的工作积极性与主动性，自己也率先垂范，才能够建设成一个强有力的工作团队，出色完成学校的各项工作任务。

建立在信任、尊重、指导、激励基础上的用人原则，带来的只会是学校管理工作水平的提升。这种貌似不管的“放手”，体现出的却是对同事的了解与肯定，是对人力资源的有效分配，更能激发下属的创造力和主动性，也更能提升学校管理者的管理能力。

适用于教师诉求的原则

——由一场老教师职称风波引发的思考

今年暑假，教师有异动，根据岗位设置比例，我校获得了中级职称申报指标两个。按照县人事局和教育局确定的 1：2 申报比例，我们要在待晋升中级职称的教师中评选出 4 名候选人递交材料。我们在第一时间内通知教师用 3 天时间做好评选准备，把相关证件和证书收集整理好；同时召开行政会议，成立了评审小组，拿出了评选方案和评分细则讨论稿，3 天后交由教代会讨论商议，请大家充分发表意见后形成正式执行方案。考核过程很顺利，前 4 名为 25 ～ 30 岁的青年教师，第 5 名是一位 45 岁的“老”教师，没有悬念地“名落孙山”。结果公示前，考核小组和她个别通报情况，她拒绝签字，甩手而去。

当晚，她给我打电话，诉说苦楚。大意是近两年工作很尽责，没有在学校工作安排时讨价还价；二是她排名不上的主要原因是没有业绩，这项考核的分值应该降低，照顾她这样年龄的人，而且在工作中她就算没有功劳也有苦劳；三是年龄大的人比不过年轻人，应该享受某些照顾，比如教龄的分值应该提高。最后提出要求，希望有人把机会让给她，或者学校同意报5个名额到上级主管部门。

面对这样的诉求，管理者该怎样去应对呢？

分析：

这个案例涉及如何对教师工作进行教育评价以及如何对被评教师进行反馈，对有心理影响的教师进行必要的心理辅导，及时搞好心理调控的问题。

教师提出评价异议后，我们要反思我们在对教师进行评价时是否科学合理。

首先，标准是否科学。教师评价，必须突出教师的德、能、勤、绩，教师的工作业绩不单纯是学生的考试分数，更应该看平时的工作表现、工作的能力水平。

其次，我们在评价时是否遵循了评价的几个基本原则。

教师法规定，在考核教师工作中应当遵循客观、公正、准确的原则。

1. 客观。对教师考核应当客观，就是要求实事求是、全面地反映教师的实际情况，做出客观、合理的评价，不能凭主观印象评价、考核教师，防止考核工作的主观性、片面性。

2. 公正。公正地考核教师，就是要按照规定的标准和程序进行考核工作，要一视同仁，不偏不倚，不能宽严不一，有亲有疏。

3. 准确。对教师考核应当准确，就是对教师的工作评价要恰如其分，不要过分夸大或缩小教师某一方面的优、缺点。要在调查研究的基础上，广泛听取各方面意见，包括被考核教师本人、其他教师以及学生的意见，这样才能使考核结果准确无误。

对于学校教育的评价，应当遵循如下9条原则：

1. 方向性原则。教育评价的主要目的之一，就是通过教育评价的监督、调控来保证办学的正确方向，应以实现党的教育方针为总原则。

2. 客观性原则。客观性原则是指在教育评价时必须采取客观的实事求是的态度，不能主观臆断或掺杂个人感情。要做到：（1）客观地确定指标和价值标准；（2）评价方法要客观；（3）信息收集与评价舆论要客观。

3. 一致性原则。一致性原则是指在教育评价时，必须有一致的标准，无论是对集体还是对个人的评价，都必须使用同一标准。一致性原则一方面是指教育目标是一致的，另一方面是指在同一范围内，对不同的对象必须用同一标准。

4. 全面性原则。全面性原则是指教育评价标准的制定以及评价的过程应当具有全面性，评价的标准不能只突出一个项目，评价的过程也要尽可能地收集各个方面的信息，不能偏听偏信，要避免在没有搜集到有关的信息时就进行判断。全面性原则不是让我们在评价时对标准中的各个项目不分主次、等量齐观，而是在赋予主要项目一定权重的同时，也不忽视非主要项目。

5. 目的性原则。教育评价实际上是一种管理手段，也是有目的的活动，只有确定了相应的评价目的后，才能选择有效、适当的方法来进行。

6. 教育性原则。教育性原则是指在教育评价中必须促进被评价者积极上进，从而发扬优点改正缺点。应做到：（1）充分尊重和信任评价对象；（2）要正确处理评价结果，成绩应给予充分的肯定，对于问题以解决为主，不要过多地斥责和批评。

7. 单项评价与综合评价结合的原则。单项评价是指对评价对象从某个侧面进行的评价，综合评价是指对评价对象进行完整的系统的分析。单项评价是进行综合评价的基础或手段，综合评价并不是单项评价结果的简单相加。

8. 静态与动态评价相结合。静态评价就是对评价对象已经达到的水平或已经具备的条件进行判断，动态评价是指对评价对象的发展状态的评价。

9. 定性与定量相结合的原则。定性分析就是对教育过程和结果的性质进行分析，这种分析侧重于事物的质的分析；定量分析就是对教育过程的结果从数量方面进行分析，这种分析侧重于事物的量的方面。

在根据以上一些原则进行科学评价后，有些教师本位思想严重，容易产生心理问题，这就需要学校在评价前搞好思想动员，提高对评价工作的认识，评价后注意对结果的反馈，尽可能针对不同的对象采取不同的通报办法。有些教师甚至需要学校校长或该教师佩服、亲近的同事进行一些心理疏导，引导其进行心理调控。

1. 要提高教师对评价工作的认识。首先，要搞好评价动员。评价的目的是促进工作，提高工作效率，要对教师进行正确引导；其次，要广泛征求教师们对评价方案的意见，吸收合理的建议，组织指导教师进行自我评价；最后，讲明评价的计划与安排。

2. 重视评价过程。让教师参与到评价过程中，让自己知道与他人存在的差距。

3. 结果反馈方式要灵活多样。教师是自信心、自尊心极强的，对学校评价是极其敏感的。人人都期望得到肯定的评价，否定的评价有时会让教师产生挫折感，以致其自信心动摇，自尊心受到打击，情绪不稳定，产生针对评价的各种消极心理行为。为了防止出现这种情况，反馈的方式、方法就应充分考虑教师的个体性格差异。领导在反馈时，态度要诚恳，给予老师必要的肯定，启发性地指出其还存在的不足以及改进的方法，给其以希望。有的教师在反馈时可以讲清楚一点，有的可以讲模糊一点。反馈范围也要因情况而定，防止否定性评价扩散。

当然，教师是讲道理的，对有些教师提出的不合理要求，学校领导也必须明确指出来，不能让其有非分之想，以免在教师中造成不好的影响，而有损学校和谐、健康的发展。

学校管理和权变管理的思考

国庆节前一天，一所初中学校召开教师大会，刚上任才一个月的校长在完成会议的主要议程后，顺便宣布了国庆节的福利，让大家到财务处领取。但是，会后部分教师不肯离开，对国庆节福利发放标准稍有意见：一是新校长在上任伊始，向教师们承诺要尽可能想办法逐步提高学校教师们的福利待遇。今年的物价上涨了，该校教师对国庆节的福利没有提高、没有兑现承诺颇有微词。二是一墙之隔的小学，条件不如中学，福利比中学还高了一点。所以老师们要求最起码福利也要同小学一样才能说得过去。

面对此情境，校长反复解释，这是经过校务会研究决定的，无法改变，坚决执行最初标准，没有多说就走了。教师们听了校长的解释多有不悦，牢骚更多了。这时，工会主席为了平息教师们的不满，说工会也应该为教师们谋福利，学校这次福利比他校低了一点，工会来补齐，大家还是安心过节，学校会有所考虑的，明天补发吧。

第二天，学校的福利正常发放到位了，但工会主席的安抚没有执行，原因是校长坚决反对，理由是不能改变已经研究通过的决策。

本身教师只是有点小情绪，这下意见开始爆发了，对校长的其他工作也有了附带看法。教师们认为自己的要求并不过分，校长为什么不顾及教师普遍感受呢？

在教师们众说纷纭、情绪难以抑制的情况下，工会主动向下校办联系点的县教育局领导反映了情况。为了积极稳妥地开展工作，县局领导召集学校校级领导开研究会。大家认为，在今年大的环境下，教师们提出学校国庆节教师福利适当提高，与小学持平是可以理解的；作为工会主席在校长已明确决定的情况下，为了防止不满情绪蔓延，作为补救措施，没有什么不妥之处。校长认为，作为学校，集体的权威建立在制度的执行上，校长室的决定绝不能变。经过激烈的讨论后，县局领导认为校长第二天制止工会的行为是不对的。为了大局的稳定，也为了尊重工会的权利，下校办点领导做校长的工作，还是希望校长支持工会的决定，以免教师们情绪的进一步恶化，不利于后一步工作的落实和开展。

这是学校管理中寻常的一件小事，但由于处理不当，造成了教师对校长的严重不满，影响了教师的工作积极性，这件事件归根结底就是管理制度与权变管理的基本问题。

什么是权变管理？权变管理理论是20世纪70年代形成和发展起来的一种动态的管理理论，它强调组织要根据外界环境的变化，在领导的手段和方式等方面做出相应的变化，以适应瞬息万变的环境，来达到组织的目标。权变管理对“万能主义”提出了挑战，强调管理动态性，即不同的具体条件应采用不同的管理方法。权变管理增强了管理理论指导管理实践的有效性，在管理理论与管理实践之间架起了桥梁。对于以上案例，该校长在制度管理的同时，若能适当运用必需的权变管理就会取得立竿见影的效果。在纷繁复杂的学校管理中，校长要高度重视学校管理制度与权变管理的关系，并且巧妙加以利用。

第一，该校长对制度管理的认识不尽科学。依法治校是学校管理的基本原则，只有依法治校，才能确保学校正常的教育教学管理秩序，确保学校的平稳健康发展。一是制度的内容上不是一成不变的。随着社会的发展，形势的变化，学校的制度可以在教职工代表的支持下进行修订完善，明显落后或不适应新变化的制度还可以废除。二是制度的执行上不是一成不变的。任何制度都不可能十全十美，都能适应整个学校管理的全过程，在执行时会有一定的适度的弹性原则。所以，机械执行，难免会碰到一些问题。

第二，该校长对校长室的权威如何建立认识还不深。不是一味坚持原则、说话作数就能树立权威。校长既要带头坚持原则，坚守学校各项制度，也要尽可能为全体师生服务。

第三，该校长还不善于进行管理权变。在管理中，由于形势的变化，校长室的有些决定不适应学校变化时，校长必须考虑进行必要的管理权变。

第四，权变理论在学校管理中的应用不足。校长对工会的尊重不够，对工会的权利认识还不明。教育工会是联系广大教职工的桥梁和纽带，作为教职工的群众组织，在凝聚人心方面具有不可替代的重要作用，它既有参与民主监督的功能，也有进行维权的职能。

那么如何处理好管理制度与管理权变的关系呢?

一是管理者要关注外在环境的变化。以往的学校更多的是关注组织内部的管理，而权变的理论则把人们的视角转到了组织的外边，使领导者根据环境的变化适时改变领导模式和策略，从而达成组织的目标。

二是认识权变理论使管理更加规范化。权变的原则自古就不缺乏，但学校校长在应用的时候大都是无意识的。权变理论的出现使这种权变的原则变成可以被传播、理解和接受的管理理论，也使管理者的管理活动更加有效率。当然，权变理论最大的意义就是它适应了知识经济、信息时代、环境变化日益复杂的大背景，要求管理者保持清醒的头脑，认真分析，灵活决策。

三是管理者熟知权变管理的本质。世界上没有一成不变的管理模式，管理是一门实操性非常强的技术，还是一门科学，更是一门艺术，管理权变即能体现出艺术的成分。一名高明的领导者应是“善变”的人，即根据环境的不同而及时变换自己的领导方式。

四是管理者要不断提高自身的管理水平。权变管理要求管理者应不断地调整自己，使自己不失时机地适应外界的变化，实事求是、具体情况具体分析，注重管理活动中各项因素的相互作用。

五是管理要把握制度管理和管理权变的尺度。学校管理中，对人、财、物、事、时间、信息、空间等基本要素可以制度管理，但对于如何调动教职工工作积极性，形成学校的向心力与凝聚力并非制度可以预知的，学校要适应经济社会的变化，就必须进行一些管理的权变。

权变行为是一种具体的领导实践活动，权变艺术只有经过较长时期的实践锻炼，才可能被掌握并逐步提高其运用水平。正如詹姆斯·库泽斯与巴里·波斯纳在《未来领导者的七堂课》中所说：“领导者只有以身作则，通过自身的不断锻炼与实践，最终才能将愿景和价值观实现。”掌握权变艺术，纸上谈兵是行不通的，想一蹴而就只会欲速则不达。权变管理是最新的思维走势，但如何科学进行权变是教育要思考的问题，在哪些方面权变，怎样权变，如何不与制度管理产生矛盾，还有待教育管理者在实际工作中深入探讨。

学校需要有秩序

那天感冒了去打点滴，诊所里医生跟我谈起了一个观点。医生说：“衡量一个学校好坏最直接的表现，就是看这个学校放学时是否有秩序。”我问：“放学时应该有哪些秩序？”医生回答：“家长不能去教室外抢孩子，需要安静排队。”我追问：“这不是家长自身的素质造成的吗？”“不是，这是因为学校没有建立接送孩子的秩序，没有建立良好的学校生活秩序。所以，才会让家长觉得恐慌，争分夺秒去抢孩子，生怕接晚了会找不到孩子，或者总觉得使劲朝前挤才是最好的前进方向。”医生肯定地说。

我陷入了沉思，姑且不谈家长素质是否有差异，我们先来了解一下何为秩序?

秩序就是有条理、不混乱、符合社会规范化状态的行为。秩序分为公共秩序、社会秩序、道德秩序、宪法秩序等。学校秩序没有宪法秩序那么严厉，不及社会秩序那么复杂，不像公共秩序那样有很多人来监督，也不如道德秩序那样包容万千。学校秩序应该是多种秩序某些点的交叉和融合，应该表现在行为规范的约束，以形成好的工作习惯、学习习惯为目标。

秩序从何而来？有条理地、有组织地安排各个团队成员，以求达到正常的运转或良好的外观的状态。学校秩序的形成首先需要科学管理，帮助教师自我心中“有”秩序，然后在管理和教育学生过程中建立秩序，从而形成习惯和个人气质。

学校秩序重要吗？如那位医生所言，学校秩序的好坏真的影响到人心灵的安稳吗？一点不假。

从学校管理的角度来讲，规章制度、方案、工作要求就是为了建立基本秩序，如果没有这些规定，纯粹依靠教师从职业道德和良知上来约束自己，那就很容易陷入混乱的境地。比如教师请假的程序、教师教学常规的管理、学校对学生行为习惯的引导、学校对教师的评价方案等，因为管理细节还有漏洞，制度拟定还达不到最科学、最合理，管理过程还不够细致，致使教师误认为这些都不重要，错误地理解教育教学的重点就是为了一张考试试卷。

学校没有秩序，没有是非观，将是很可怕的一件事情。如果我们的方向错了，走得越卖力就错得越离谱。

秩序的建立，需要我们有正确的认识。

第一，不能自以为很优秀，觉得提醒是多余的，对自我的约束不需要那么苛刻。其实，正常提醒也是种帮助，人心里本就有积极和消极的部分，我们需要时刻去唤醒积极的部分。

第二，人文管理能让人觉得心情愉悦，激发教师更好地工作；但不能忽略人文管理并非是给人绝对的自由，如果一个集体没有了游戏规则，哪还有凝聚力，哪还有幸福快乐可言！

第三，尽量避免或消除管理中“蜻蜓点水”式的错误、“浅尝辄止”的失误、“点到为止”的情面、“无人境界，完美主义”的盲目。

一旦学校的秩序出现了问题，我们就应果断采取“秩序修正，习惯养成”

的措施。这种措施主要是“自省、修正”，通过督导约束，帮助学校建立或恢复秩序。自省不以惩罚为目的，而是通过这种不断提醒的方式让教师、学校建立正确秩序，形成习惯，以便更好地引导学生和家长也建立正确的秩序。

学校的教育让孩子在家庭、社会、集体生活中“有秩序”，因此其意义格外重要。如果说家庭是以“爱”为秩序，那么孩子心中的秩序就是——我喜欢的就是我的，家里有的就是我的。孩子进入学校后呢？比如看见同学的东西好就拿走，你千万不要大惊小怪，甚至说这孩子是偷盗，其实在孩子心里根本就算不了什么，因为他心中还没有建立新的秩序，他不知道别人的东西不能随便拿；还比如家里的卫生可以破坏、家里的东西损坏了不需要赔偿……孩子并不知道，很多事情在家里可以，在学校就行不通。那社会呢，秩序就是法律，就是法规，不能犯错，一旦走入歧途，就会受到应有的惩罚，失去自由。如果让孩子直接从家走入社会，他们的价值观就会产生混乱，没有安全感，无所适从。那么，学校就是链接家庭与社会的一个过渡秩序站。一方面教师需要给他们爱的温暖，让他们适应学校这个集体，得到如父母般的关爱；另一方面教师需要引导他们获得新的秩序，在这个过程中可以犯错，可以有反复。所以，我们的教育需要不断地模拟、实践、强化、激励。

这也就解释了孩子为何有的听话、有的叛逆，是因为教师的爱没有被他们看见；这也解释了有的孩子为何很爱黏在教师身边，为何性格不开朗，这是因为新的秩序环境里，他们没有安全感；这也解释有很多教育为何没有立竿见影的效果，是因为孩子的心理发展规律决定了孩子品质的反复，需要不断去引导，不断去激活。所以，学生持续不断的进步需要不断去知晓秩序在哪里，要做到哪些，具体内容是什么，这才是我们努力的焦点。

我们应该记住这些：德育的目标是培养善良、高贵的灵魂；智育的目标是培育自由、独立的头脑；美育的目标是培育美丽、丰富的心灵。在记忆过的东西遗忘之后，思想中还留下了什么？是检验智力素质的尺度。在获得过的财富、地位等失去之后，还留下了什么精神的瑰宝？是检验心灵素质的尺度。

学校有了秩序，并且教师都能自我反省、规范行为，就能引导学生不断完善、不断完美。

（该文是作者在教师例会上的讲话，有删改）

浅谈学校管理中的民主决策

——由“学校办公楼设计方案的选择”引发的思考

某校地处城市中心地带，近几年快速发展，办公用房和专业教室越来越紧张。经过多方筹资再加上学校原有的积累，建设新办公楼的计划得以实施。学校在原校址的显著位置清理出一片土地，用于建设新办公大楼。起初，校长办公会为新办公大楼建设定了几条原则：考虑到学校地处市中心，土地面积有限而且寸土寸金，所以要尽量多的使用面积以便保证行政办公和专业教室的需要；要有特色，力争成为学校的标志性建筑（因为该校在该区是一所很有影响力的学校）；使用上要方便、节能、环保。

为了保证建设质量，学校对楼房设计进行了招标。开始有7家设计单位投标，学校从中选择三家进入最后评标阶段。考虑到这是学校的大事，教师们也很关心，校长办公会研究决定广泛听取意见，充分发扬民主。把三个方案（包括效果图和微缩模型）在学校展示一个月，要求教师前去参观，并填写调查问卷。

一个月后，后勤部门把收集到的问卷进行整理。问卷的结果是：A方案61.7%，B方案15.4%，C方案22.9%。这个调查结果与建筑专家的意见有比较大的出入（专家认为C方案比较好）。专家认为A方案确实造型很有特点，但是也存在比较大的问题：一是容积率（利用率）比较低，二是该方案建成后的楼房使用不方便，最大的问题是采光效果差，很大一部分房间白天也需要照明。校长办公会开会研究认为，既然实施民主，就要尊重大家的意见，最后决定采用方案A。教职工对校长办公会的决定也很满意。

经过一年半的紧张建设，大楼如期完工。但是等大楼投入使用后，教职工中逐渐出现了很大范围的埋怨。原来，该楼并没有很好满足办公用房和专业教室的需要，专家说的采光差的问题也显现出来。大家议论纷纷，说什么的都有。校长办公会专门开会研究了这个问题，觉得有必要向教职工做出说明。

在一次全校大会上，学校主管领导专门就此事做了说明。他讲了该方案出台过程，明确表示这是大家的意愿，是民主决策的结果，言外之意是不能全由领导负责。

释禅先生给“民主”的定义：是指各层组织的代言人，在各自层级的组织体内通过享有并行使其参政权、选举权、议政权和监督权等的基本民主表现形式，并以此影响并决定关系自己和他人，关系家庭、企业、政府、国家乃至世界等各层级的根本利益的权益表达“形式和内容”的有机统一过程。

民主是一项国家制度，是人类政治文明发展的成果，是时代进步发展的产物，是社会进步的标志性要素。

学校实行科学管理、民主决策是当今教育管理的基本原则。案例中学校在建新办公楼的设计决策过程中，充分发挥教师的主人翁意识，多方听取意见，并对结果进行了公示，无异议以后才执行。大家都觉得这个工作进程中“民主”到位了。但是，为何最后会出现“众人皆不满意，相互埋怨”的结果呢?

这让我不由得想到了另外一个故事。

女孩参加工作后，遇到一男同事，双方接触后彼此吸引，自己精心考察一年后，趁着春节带回家见父母。谁知父母觉得不满意，坚决反对，跟女孩软硬兼施，让其放弃。女孩觉得婚姻是自己的，有自我选择权利，父母不能太过干涉，据理力争。最后，三口之家决定以民主的方法来表决。女孩一票对父母两票，少数服从多数，她的恋爱被“民主”否决了。

面对婚姻问题，我们或许会质疑这个民主有必要吗？我们甚至还会怀疑，民主决策的正确性在哪里。

反观学校管理，教师的民主意识越来越强，他们对民主的理解，大多是能自由发表意见。有的认为大事情票决了，就是代表了大多数人意见；有的认为民主是和管理层唱反调，管理层认为好的，教师就反对，反对成功了就是民主了；另外还有一种认识，就是把民主的作用绝对化，认为通过了教工代表决策的就是正确的，大多数人同意的就是科学的。最后一种认识是管理者把学校发展过程中出现的难以解决的问题用“民主决策”来寻找答案，以求不承担责任。

还有一所学校，管理者在教师请假的事情上无法决策。学校有请假制度，但两名请假的教师事出有因。一名因为母亲瘫痪，需要把工作任务只安排在每个工作日的半天时间里，另外半天常年请假；另外一名是女儿产后并发症，在医院昏迷不醒，要请假去照顾。本着制度之外也有人情的想法，校长觉得可以请假。但学校教师编制少，每个人的工作负担本就不轻，无法再增加工作量。左右为难的情况下，校长就“同不同意请假和请假怎么处理”进行票决。其结果是长期请假的不同意，偶发事件的请假同意。老师们投票的理由是短时间承担任务可以接受，长期承担不能接受。学校上下为此事吵得不可开交，影响到老师的工作情绪和正常的教学工作。实在没有法子了，校长又只好宣布，民主投票不算数。

这应该是滥用民主，对民主理解不够的恶果。

教师请假的这个案例中，校长就犯了“民主绝对化”的错误，把“民主决策”误认为是“教师投票”，我为难的事情交由你们决定，责任不在我。滥用民主造成的影响是：教师认为民主只是种形式，可以随意更改，更多的人会产生“民主决策无用论”，甚至会造成不良的后果，从而不愿意参与到民主管理中来。

如果在实际生活中我们将民主简化成“少数服从多数”，把出现的所有问题都用“民主投票”的方式解决，这样的“民主迷思”将带来不少的困惑和教训。作为学校管理者，只有清醒地认识到“民主迷思”，坚决反对泛民主化，做到尊重多数人意见，保护少数人意见，让民主立足校情，生长在实际客观的环境里，方能得到决策为我们所认同的好局面。

学校建新办公楼这个案例中，管理者在民主决策的程序就出现了两个问题：一是对民主的片面认识——一味认同“少数服从多数”，忽略了建设本身的基础和学校实际问题，这是认识上的错误；二是民主决策时缺乏科学头脑，没有敢于担当的领导者底气，用“一选就灵”作为推卸责任的挡箭牌。

作为学校管理者，任何决策都应该保证其科学性。就建设而言，一般的程序应该是：

1. 确定应走的程序。校长办公会决定建设方案最终形成步骤与方法。

2. 确定初步设计规划。校长室根据学校需要拿出初步预案。

3. 聘请专家设计。

4. 组织专家组论证、评审。

5. 征求教师代表意见。

6. 校长办公会或教师代表大会决定方案。

案例中学校存在的问题：一是程序过于简单，难免失之科学。二是专家意见没有起重要作用，专家意见在此次建设方案的确定中只是一个参考。在建设问题上，专家的意见应引起足够的重视，专家应向全体教师进行解释，以免因专业限制，造成教师民主决策的科学性失效。三是方案确定后没有进行专家论证。四是方案决定后，没有进行必要的设计修改。确定一个方案后，还应综合考虑，进行修改完善。毕竟老师站的高度不同，看问题的角度不同，这就需要管理者综合思量。五是校长室或教职工代表大会有最后的决定权，仅用教师没有精心准备的一次投票，就代替校长室或教职工代表的决策是不科学的。

因此，案例中学校的决策是对民主理解不透彻，草率而为造成的，校长室的解释也是不科学的。校长室应该承认错误，做出检查，请求教师的谅解，并积极解决存在的问题。

随着风险社会的来临，我们进入了一个不知道“敌人”在哪儿的世界，学校管理中的“民主决策”显得尤为重要，这将是一个长久的话题。在今天这个民主诉求愈来愈强烈的时代，我们应该意识到，民主并不适应所有人，民主也并不适应所有事。我们做不到事事决策正确无误，但我们可以让民主决策变得更加理性，更加科学。

阳光校园的生命魅力

第四章

让快乐从校园里跑出来

今天我很高兴,马鞍山实验学校获取了全县特色办学流动现场会特等奖!作为一所新学校，谈文化底蕴还为时尚早，与兄弟学校相比在个性品牌打造上也还略显稚嫩。目前，我们正安静地办教育，微笑地享受教育。我们以“校园文化节”为主题有效开展了学校综合实践课程。借此机会，向各位作简要汇报。

我要的是葫芦吗?

对一所学校是否有品位的感知，我们可以用身体的每一个毛孔去体味，看身在其中的人是否有发自内心的微笑。那么，学校应该是孩子们到过最快乐的地方。可我们扪心自问，是这样吗？有一次，我在教学楼走廊听到了几个孩子随意的对话：“学校要开运动会了，我们也报名吧？”“我才不去呢！我又不是特长生！”

孩子们真实的表露让我思而不安，我们重新审视学校活动开展的宗旨，难道活动的目的仅仅是为了逢秋成熟的那几个葫芦吗？肯定不是。我们应从学生个性品质多元化出发，契合需要开展活动，要面向全员，让各个层次的学生能享受历练的过程。

就这样，以校园文化节为主题的学校综合实践课程应运而生了。我们将校园文化节有计划、有目标地贯穿于学校教育过程始终，将教学常规与行为习惯、学生兴趣与学生素养、活动体验与能力发展、学生品德与家校联动、师生归属与学校文化、师生成长与学校发展等润物无声地有机融合，让全体师生浸润在“净美雅”的文化气息中。我们不靠“三块糖”，不靠言语的重复，靠的是我们懂得孩子真正的需要，那就是——我要参与。让孩子们更多地参与体验，在一定的空间里自由地呼吸，在自由行走中快乐地发展。

素养与活动的接力

从孩子的需要出发，集众人之智慧，开设“校园文化十节”。这里所说的“节”，以完成学生品德、素养、技能相对应，不是指传统意义上的某一天，而是贯穿在全年的每一个月，以活动汇报的那一个月来命名。全年设置十个节，分别是元月艺术节、二月感恩节、三月风筝节、四月礼仪节、五月孔子节、六月科技节、九月体育节、十月读书节、十一月民俗节、十二月安全节。具体做法是：

1. 三级联动，各司其职。

成立了“校园文化节”策划小组、评审小组、活动小组，做到三级联动，各司其职。由德育处负责筹划活动内容；由校长室成员、主管教师组成评审小组负责可行性论证；由教务处、班级中队组成的活动小组负责组织实施。我们将每个节日的流程都做了明确规定。如感恩节四部曲：用嘴说出感谢，用情传递感激，用心表达感动，用行回报感恩；民俗节里：南腔北调说民俗，五彩缤纷绘民俗，走街串巷访民俗，继往开来扬民俗。每个流程都安排相应的主题活动。

2. 开发课程，申报课题。

行中有思，思中有获。我们组织编写了“校园文化十节”系列校本教材，做到课内与课外相结合，学习与实践相结合；并将“校园文化节”作为省级课题进行专题研究。目前，经典诵读和社团特色课程都形成了校本教材。

3. 我创意，我精彩。

以“我很重要，我很需要”为指导理念，让学生、教师、家长参与到活动的策划、组织与开展中来，节日前两周面向师生、家长征集活动建议，节日前一周形成活动方案，节日后一周做好总结，并制作节日视频。不让一个活动虚化，流于形式。如三月风筝节活动就是采纳家长建议后开展的，设置了追根溯源话风筝、心灵手巧做风筝、天高云淡放风筝、兴高采烈忆风筝四个环节，活动深入人心，深受好评。

快乐从校园里跑出来

“校园文化节”以学生喜爱的活动为载体，让其间的每个人心里也透着暖暖的阳光，灵动地改变心情，鲜活地创设快乐，无声地高雅行为，灿烂地拥有幸福。每一个节日就像一束阳光，照在身上也照进心里！礼仪节，塑造“文雅马鞍”；风筝节，打造“快乐马鞍”；体育节，成就“健康马鞍”；艺术节，培养“自信马鞍”；读书节，成长“风雅马鞍”；安全节，成就“幸福马鞍”……

当“阳光”精神成为一种向上的习惯，像血液一般流淌在学校工作方方面面，当师生的言行都能成为形象展示时，学校的特色也就形成了。文化是在历程中长久积淀的精神和行为，马鞍山实验学校将带着阳光行走，一路明媚一路欢歌。

（该文为作者在华容县特色办学流动现场会上的发言材料）

让书香洋溢生命的魅力

作为全县最年轻的学校，我们始终秉持“为学生的未来发展服务，为师生的阳光人生奠基”的办学宗旨，努力营造书香校园，通过读书塑造儒雅少年，润物无声地达到“校园净美雅”的美好育人氛围。我们的做法是：

一、处处飘香——创设环境，让读书有兴趣

1. 辟长廊专栏。在文化长廊开辟《读书乐园》《好书推荐》专栏，有读书名言、阅读方法介绍、班级读书活动剪影、优秀读书征文作品，让学生时时体验读书乐，处处闻到书香味。进入教学楼，一种“书香致远，静能生慧”的读书气息迎面扑来，每个楼层的侧重点不同，分别以“走进童话”“走进诗词”“走进名著”为主题。

2. 重三室利用。充分发挥学校图书室、师生阅览室和教室图书角的作用。学校精心布置了图书馆、师生阅览室，力求温馨化、实用化，并合理安排师生进阅览室、图书室借阅的时间，班主任还不定期地让学生更新图书，不断充实丰富“班级图书角”的阅读内容。

3. 推图书交流。举办了图书跳蚤市场活动，举办图书交流会，引导学生将自己阅读过的不想珍藏的图书带到学校，优惠卖给其他同学，实现图书资源共享。

4. 设读书论坛。利用校园局域网、宣传橱窗、道德讲坛等阵地，开设教师读书论坛，通过演讲比赛、心得荟萃等形式引导教师阅读。

5. 建共读平台。主要是鼓励班级“创书香班级”，鼓励学生争当“读书之星”，倡议家长开展“创书香家庭”活动。

二、时时闻香——引领阅读，让读书有魅力

1. 建立组织，让阅读有引领。阅读单凭号召和要求不行，关键是落实，常抓常新极为重要。为此，我们成立了读书指导委员会和书香班级领导小组，提出了教师读书八大行动：让师生跨入信息高速公路——户户有电脑；让读书成为教师生活方式——室室有图书；让读书成就人生教育梦想——人人有追求；让课堂成为师生生命舞台——个个有作为；让教学反思伴随教师成长——天天有随笔；让话语权为教师人人共有——周周有论坛；让教师在往来中不断提高——月月有交流；让读书活动成为教师心灵家园——处处有关爱。学生八大行动：让学生掌握信息技术——人人会操作；让经典走进学生生活——个个会阅读；让童年享受生活乐趣——时时有幸福；让课堂绽放生命活动——天天有进步；让日记记录多彩童年——周周有积累；让口才展现人生自信——月月有发展；让品行内化良好习惯——年年有收获；让校园放飞童年梦想——处处有希望。学校充分发挥图书室功能，图书室定期开放，为了方便孩子们阅读，学校定制了"图书借阅证"，经常看到孩子们拿着写有自己名字、贴有自己照片的借书证在图书室门口排起了长龙，我们为学生的成长又开辟了一扇明亮之窗。

2. 开发教程，让阅读有依托。我们的读书课以诵读中华优秀经典为载体，进行深入的传统美德教育，打造书香校园。为更加系统有效地提高学生经典阅读的教育质量，从古诗词教学这门课程开始，今年暑假我们集中教师力量，积极开发经典诵读校本教材。经过认真的筛选、校对、刊印，分为低、中、高三个年级段的经典诵读校本教材已编印成册。本教材内容按《唐诗》《宋词》《国学》三大阅读板块编排，根据学生阅读年龄由低年级到高年级增加阅读字数、难度和深度，通过"背一背""读一读""讲一讲""练一练"，使学生在日常的教育教学中学习中国文化精髓、传承中国文化经典。

3. 设立课程，让阅读有时间。为了保障阅读时间，学校安排了晨读、午读各 20 分钟的读书时间。晨读时间让师生自由诵读国学经典、唐诗宋词，陶冶情操，增强自身文化底蕴；每天中午“阳光直通车”广播站开辟“读书俱乐部”时间，由同学们推荐优秀书籍，与高尚的精神文化对话，展露小主人的阅读写作才能，分享读书收获。我们还在校本课程中设立了每周一节的读书课，读书课教师组织学生到学校阅览室读书或在室内进行读书交流，教给学生读书方法，培养学生的读书兴趣，养成良好的读书习惯，同时指导学生学会写读书笔记。

4. 言传身教，让阅读有榜样。学生的阅读效率如何，教师的引领至关重要，这就要求教师先具备“书香”品位，做好孩子们的榜样。在我校，每位教师的办公桌上都会有一本书，内容涉及教育教学、心理健康、社会科学，甚至是养生保健，这些书都是学校精心为教师选购的。教师们每月读一本书，一边读一边摘抄笔记，并互相推荐好文章或好书，撰写读书心得。教师们也经常利用闲暇时间走进学校教师阅览室主动阅读。一本书，一香茗，教师们远离了城市的喧嚣和浮躁，静处一隅，凝思独想，使阅读成为一件时尚快乐之事。

5. 每班一角，让阅读有阵地。教室是读书的主要阵地，让教室有书香味最重要。首先，教室文化最大的一个特色就是班级壁报取代了黑板报，壁报上了除了琳琅满目的绘画剪纸、成长照片、科技作品、班级明星外，还给学生留出了一块“读书芳草地”，如书法作品、习作征文、手抄报、读书心得随时粘贴在上面，精彩纷呈的壁报文化就是一处会说话的书本，让学生浸润在墨香、书香里，阅读更轻松了。此外，每个中队都在教室的一角开辟出一方阅读的小天地，面积不大，蕴涵无穷。书香悦吧、阳光书屋、心灵驿站……一个个好听响亮又含义深远的名字，寄予着厚望；学生自带书籍，交由班级图书管理员，再相互借阅，晨读、午读和课余时间成了孩子们一天中最幸福的时光，他们尽情地品味着书香，在读书中快乐地成长。班级图书角的书一部分是学生自己订阅的队报队刊，一部分是自己从家里带的书。学生根据学校推荐的书目，在班主任老师或班级图书管理员的统一调配下自由借阅，让好书在班级里流转，让学生能花最少的钱读最多的书。图书角里的书经常更换，成为一泉活水，滋润着学生的心灵。

6. 写好笔记，让读书有收获。学校为 3 ～ 6 年级学生统一配备了读书笔记本。上面有名人读书名言，有《词语库》《佳句屋》《亲子阅读》《我想说的话》《我的疑问》《家长的话》《老师的话》等栏目，教务处每月开展一次优秀读书笔记评比，这也是评选“读书小状元”的依据。

三、人人品香——开展活动，让读书有快乐

1. 确立读书节，让学生尽情阅读、分享快乐。我们把每年的10月份确立为“校园读书节”，其间开展了一系列活动：书签制作、读书手抄报比赛、经典诵读赛、优秀读后感评比等。读书节活动结束后评选出“书香班级”“书香教师”“读书小状元”“书香家庭”，通过专刊在校园张榜公布并进行表彰大会。

2. 开展形式多样的活动，让学生自觉阅读。每月一次读书主题班队活动已形成常规。每月第四周主题班队活动为“好书伴我成长”，各班可自选课外阅读知识竞答、讲故事比赛、演讲比赛、读书笔记展评等形式汇报展示读书成果。在活动中，读书成为一种习惯，一种需要。

3. 重视评价激励，让学生体验阅读成果。学校建立了书香班级、读书小状元的评价制度，制作了“书香班级”流动牌，每个学期期中评选一次，学校颁发荣誉证书并给予一定物质奖励。今年 5 月，我校代表华容县中小学参加了岳阳市经典诵读比赛，我校的诵读节目《少年梦 · 中国梦》在岳阳市中小学生经典诵读比赛中荣获第二名。

读书活动是一个开放的系统工程，涉及学校教育、家庭教育和社区教育

等多种阅读资源的开发、整合问题。一年多的实践让我们深深体会到，学校图书室建设不仅是美化形象“面子”，更是提升内涵的“底子”；读书活动营造的氛围，实现的是对师生的浸蕴。一年多的实践也让我们不断反思和成长，归结起来，八个方面特别重要：

一是重熏陶。注意在班内渲染读书气氛，充分利用壁报、教室墙面等做好书香环境布置。

二是挤时间。学生“一日四读”，总时间约为 42 分钟。早晨 15 分钟晨读，课前 2 分钟诵读，广播站诵读 15 分钟，回家与家人共读 10 分钟左右。

三是给空间。每个学生可提供 1～2 本书，布置班级图书角，并配好班级“图书管理员”和“导读员”。

四是多指导。教师要注意循序渐进地点拨，读书内容可以是规定的内容和学生自由选择相结合，精读与泛读相结合，教师要帮助学生掌握正确的读书方法。

五是激兴趣。多进行班级读书会、亲子共读会、读书知识竞赛、朗诵会、故事会、读书报告会，读书笔记展览、手抄报展览等丰富多彩的读书活动，通过活动激起班级读书的高潮。通过评比读书个人奖，让学生感受到阅读的成功和喜悦。

六是求配合。争取家庭的配合，以孩子带动家庭一起开展读书活动。

七是勤反思。在开展活动的过程中师生应及时反思，促进提升。

八是重评价。利用读书节，开展“书香评比”。评选书香队员（标兵）、书香班级、书香家庭等。

原国家教育委员会副主任柳斌曾说：“一个不重视阅读的学生，是一个没有发展的学生；一个不重视阅读的学校，是一个乏味的学校；一个不重视阅读的民族，是一个没有希望的民族。”为了学生的发展，为了学校的发展，我们应共铺阅读之路，同享魅力书香。

让校园文化灵动起来

校园文化是学校发展的灵魂，是一种精神，是一种文明，是一股力量。它所产生的深远影响，是任何课程学习所无法比拟的。学校环境文化是学校文化的有形部分。它用看得见、摸得着的物化的肢体“外壳”、语言“外壳”、色彩“外壳”、理念“外壳”，向置身其中的人无声地讲述学校文化的“内核”。校园环境文化有着“桃李不言，下自成蹊”的特性，有“润物无声，择善而行”的育人风格。

为了让马鞍山实验学校这所新型学校有斑斓四季、有缤纷童年、有智慧光辉、有阳光快乐，我们立足现状、量体裁衣、集思广益、取精用宏，确定了“阳光和谐、书香儒雅、静谧笃学、健康快乐”的校园环境文化建设思路。现在，我申请做一名导游，陪同大家一同漫步校园，用您敏锐的感官来捕捉我们创建校园环境文化的足迹。

一、校园文化面貌——阳光和谐

两幢建筑，主体楼以明黄与米白相间，屋顶蓝色线条明快，稍有棱角变化，再辅以深蓝与淡紫瓦镶边，欧式建筑的清新、典雅映入眼帘，这是人与色彩的和谐；校门口和教学楼主墙上都安装了LED显示屏，及时传递校园信息，这是人与现代化的和谐；5000平方米学生集散地、800平方米风雨活动室，保证人均活动面积，这是人与自由的和谐；200米塑胶环形跑道，人工草坪足球场，这是人与运动的和谐；由3个亭子连接的120米“书香长廊”，上有葡萄藤蔓，下有灵石小路，阳光充溢心间，书香亭边，绿草葱郁，香樟树苗迎风沐雨，孩子们坐在亭内浸润经典，清风淡淡，书声琅琅，这是人与读书的和谐；校园绿意盎然，巧妙地利用了每一个不起眼的角落，种上草，添上花，移栽造型各异的四季树木，其间还灵活地放置了休闲石凳，运动场边通透式围墙，让人极目远眺，绿意遐思无限长，这是人与自然的和谐。

二、墙壁文化——书香儒雅

墙壁的生命在于蕴意和寓理。作为一种隐性课程，墙壁将为校园人提供自我教育心理氛围和精神世界。我们的建设原则是：思想性，在潜移默化中培养校园人的崇高品质；知识性，启迪校园人的求知欲；艺术性，使校园人在欣赏中得到艺术熏陶。这需要精心“经营”，一以贯之。

1. 校门口围墙——以展示先贤智者的文化积淀，阐释“传统文化”理念。这里主要展出的是“爱国篇”“勤俭篇”“好学篇”“教育篇”，辅以文圣、诗圣、书圣、画圣等人的生平简介和突出贡献，古朴风韵，读来心底暗流如潮奔涌，激人奋进。

2. 综合楼围墙——以师生协作涂鸦的方式，鼓励“共创美好，彰显个性”。这面长 21 米的“涂鸦墙”是美术兴趣小组的孩子与美术老师共同创作的，要表现主题是“四季”。在校园里，因为大自然气候的制约，很难栽种可以感知春夏秋冬更替的树木，我们就让孩子们用画笔来感觉。春芽，夏花，秋果，冬雪在这面墙上悄然变化。红花绿树相映成趣的涂鸦墙，既是个性能力的操练，又是艺术素养的渗透，更是人与自然的融合。

3. 运动场围墙——表现的主题是“享受运动，健康成长”，以教师创作为主，师生制作彩绘。我们的设想是设计 6 个板块，“以历史为经、以亮点为纬”，以波澜拍岸为头由东往西推进。横向以体现中国体育优势项目为主线，纵向则以历史时间为主干，如一条流泻不断的乐曲环绕运动场四周，培养师生“阳光、坚毅”的意志品质。

4. 走廊——实现“书香致远，定能生慧”的目标，每个楼层一个侧重点，以宣传画呈现。一楼以“走进童话”为主题，辅以拼音，适应低年级学生的特点；二楼以“走进诗词”为主题，让中年级学生畅游于古典语词的海洋；三楼以“走进名著”为主题，引导高年级孩子与名著交友，与名家握手；四楼以“走进生态环保”为主题，建立正确健康的生活习惯，突出生态节约环保；五楼以“走近科学艺术”为主题，让学生展开艺术的双翅，感受科学的伟大。各楼梯间以“安全温馨提示”“行为引导”为内容，让学生在行进间明白气质成于习惯，优雅来自素养。如“文明第一步，从放慢脚步开始”“你不推我不挤，安全文明靠自己”等。所有文字的撰写设计中，我们回避了命令语气，避免出现“不能、不要、禁止”等字眼，让每个人在得到充分尊重中规范言行。

5. 橱窗——近 100 米的宣传橱窗，共 24 个版面，采用不锈钢制作，设计先进，造型别致，色彩艳丽，充满朝气，如同万花筒，展现学生每一个细胞的活力，展示学校每一种理念的滋长。我们本着“面向学生”的宣传原则，创意了“阳光少年之家”的流动宣传阵地，以“习惯成就未来、运动放飞梦想、艺术展现风姿”为主题的大型展板。目前对外展示了班级壁报、武术健身操比赛、纸飞机投掷赛、科技小创作竞赛、学生说话比赛、乒乓球赛等活动剪影。漫步在校园的连廊花架间，你会被这一幅幅精致典雅，生龙活虎的展板吸引，不自觉地驻足欣赏。

三、教室文化——静谧笃学

我们遵循的原则是“健康丰富、自主创新、百花齐放”。

1. 创新班级名片。把传统的“教室公布栏”移到了教室门口，制作成精美的“班级名片”。内容包括班主任寄语、中队目标、中队集体照片等，这样目标明确，增加集体凝聚力，直观生动地激励着中队每一个成员。

2. 创新班级壁报。改传统的黑板报为壁报，分高、中、低年级制作版本，孩子们动手动脑各显神通，将剪纸、绘画、成长照片、科技作品、习作、班级明星、贺卡等汇集在五彩缤纷的壁报上。他们在设计中学会了相互展示、相互欣赏。平等、快乐相处的人际关系，营造了他们自我发展的幸福天地。

3. 创新班级花圃。“让校园的每个角落流淌出绿色的芬芳”，这是活动的倡议。学生自主选花卉，准备种植工具和肥料，像园丁一样种植自己喜欢的植物。既有劳动的艰辛，又有劳动的收获和喜悦。亲近自然，绿色传情，保护生态，让自然的种子在幼小的心中悄悄生根。

4. 创新个性图书角。每个中队都在教室的一角开辟出了一方阅读小天地，面积不大，蕴涵无穷。书香悦吧、阳光书屋、心灵驿站……一个个响亮又含义深远的名字，寄予着厚望。学生自带书籍，相互借阅，文化早餐、午读和课余时间成了孩子们一天中最幸福的时光。

5. 创新“卫生角”。劳动工具的摆放，杂物的整理，在这个两平方米的角落都变成了风景。

四、功能室文化——健康快乐

1. 教师办公室。

教师自己动手美化自己的工作家园，所有办公室的布置，没有那种“千室一面”的呆板和沉寂，而是个性十足，且整洁温馨，真正做到了个性鲜明、多姿多彩，充分展示了马鞍山实验学校教师的爱岗敬业精神和超凡的才华与智慧。

2. 师生餐厅。

雅，是我们对餐厅文化的定位。有这样一种理念——“三流餐厅吃饭，二流餐厅吃服务，一流餐厅吃文化”。我们的餐厅有美食、有优质服务，也尝试着渗透文化。24 根立柱，布置了近 50 幅宣传画，以勤俭、节约、爱惜、卫生、安全、健康为主题，用儿歌、对联、警句提醒大家。800 人同时就餐，我们很难听见千军万马的热烈，也很少见到乱丢乱扔的现象。我们求“雅”，不为附庸风雅，只为引领文明求美之风气。

3. 艺术教室。

完善人格，涵养性情，丰富心灵，开启智慧，为学生拥有幸福人生奠定坚实基础。

4. 科技教室。

锻炼动手的技能，种下创新的意思；播下情感的种子，生长爱的大树；洒下知识的甘露，汇聚智慧的海洋。

5. 信息教室、心理咨询师、视力保健室。

整洁有序，能给学生带来知识的渴望与内心的安宁。

6. 阅读教室。

阅读是心灵的旅行。好的书籍是最佳的心灵滋养品。让阅读成为校园的美丽风景，成为师生精神生命的呼吸，成为师生自觉主动的行为习惯，这是我们读书节要达成的目标。读书活动的坚持和发展，引发了师生生命状态的变化：做人更加有真情，处事更加有智慧，生活更加有意义。

7. 工会活动室。

完善的设施、合理的布局，将为师生员工开展丰富多彩的寓教于文、寓教于乐的教育活动提供重要的阵地，使师生员工在求知、求美、求乐中享受到教育之乐、生命之美。

当然，校园文化建设不能只停留在栽树、种花、出壁报这样的一个层面上，更要着力塑造阳光精神，并把这种核心精神根植在学校日常工作中，不断丰富与延伸。

最后，我用我们的校园文化建设理想结束我今天的发言——让传承与创造并行，让情感与智慧共生，让思想与实践合一，让阳光与幸福同在，让灵动的文化像阳光一样弥漫校园的每个角落。

（该文为作者在华容县校园文化创建现场会上的汇报材料）

第五章

教育信息化的“花田喜事”

探索教育信息化的“花田喜事”

——专访岳阳市华容县马鞍山实验学校校长周艳

记者：刘　莲　张　璐

当我们的生活不知不觉走进“一网一世界”的大观园时，却未曾想到教育也能与之融合深化。教育信息化由“坐而论”到“起而行”的过程，是一出发就不可逆转的改变，更是行走于道路曲折却又惊喜不断的花径之中。

这是一场学习与创新的深刻革命，更是一场你不去体验就永远也没有发言权的滋味盛宴。无论是教师教育教学的方式方法、沟通手段的灵动，还是寓教于乐、先学后教的理念贯通；无论是校园文化建设、学生行为习惯的养成、德育活动的丰满，还是校园文化生活、师生安全管理、后勤服务等工作的持续发展；无论是学校常规工作巧妙的借力生力，还是学校办学理念的一以贯之，都在“花田的蓬勃”中获得越走越美妙的感觉。

——摘自周艳校长空间

提起周艳这个名字，可以加上一连串的前缀。她是岳阳市华容县马鞍山实验学校校长、省级骨干教师、岳阳市十佳教师、岳阳市优秀教育科研工作者、岳阳市“最美女性”、岳阳市“巾帼英才支持计划”人选、华容县道德模范、教育部评定的“种子校长”和“湖南省未来教育家”……在这些光鲜亮丽的荣誉后面，隐藏的是艰辛跋涉的汗水和不懈探索的坚持。作为一校之长，在教育信息化快速推进的大背景下，周艳一直在思索如何有效促进学校的教育信息化发展。她带领全校教师以平台建设为基础，以理念更新为前提，以制度建设为保障，以应用驱动为核心，以问题导向为要素，以质量提升为根本，在马鞍山实验学校这块“花田”里辛勤耕作，收获了一件件教育信息化的“花田喜事”。近日，本刊记者就马鞍山实验学校教育信息化发展历程专访了周艳校长。

记者：周校长，您好！据我所知，您的父亲当了18年的校长，现在，您也成为一位有教育情怀的优秀校长。阅读了您的“紫鸢在飞”博客，一下子就把我打动了！您对教育有着一种强烈的责任感和使命感，在您的带领下，马鞍山实验学校的教育信息化走在省市县前列，被授予“湖南省教育信息化示范学校”称号。您是如何引领学校信息化进程的？

周艳：信息时代，教育信息化已是大势所趋，每所学校都应该与时俱进，以教育信息化推动教育的发展和变革。我们深知，要催生出教育信息化的新芽，就必须先打造好阳光充足、土壤肥沃的“花田基地”。

我们主要从以下三个方面来做：首先是抓理念更新，让教师充分理解信息化如何提供教育教学全方位服务。理念是行动的先导，理念更新为我们打开了一扇窗，窗外视野广阔，能开拓思维，为发展描绘出大好前景，才能让我们有勇气迈出第一步。

其次是抓设备装配，通过差异化实施与推进教育信息化。设备是推进教育信息化的前提，是基础工程之一。我们积极推进“三通工程”建设和数字校园平台建设，做到以推进为目标，抓好信息化的前提与基础。

最后就是抓实践培训，努力加强对教师信息素养的培养，提升信息技术应用能力。信息素养的培养并非是简单的信息技术培训，而是将互联网精神、思维触角、思考方式、应用接纳程度、融合创新纳入到能力提升的目标体系，为教师带来教育思想和教学方式的变革。

记者：如您所说，信息时代，以教育信息化实现学校跨越式发展已经成为现代学校发展的必然选择。马鞍山实验学校能够走在信息化的前沿，取得累累硕果，得益于教育信息化发展的基地打造。那么，基地打造好以后，是如何催生出教育信息化新芽的呢？

周艳：教育要真正实现现代化，我们应该始终明确一个观点：提升教育信息化应用水平是关键的关键。如何有效推进学校教育信息化是我们一直以来的着力点，在信息化教学环境不断完善之后，我们坚持以信息为泉、以教学应用为渠，努力催生出信息化驱动的盎然新芽。

第一，应用驱动是基本策略。信息化应用要产生驱动力，催生教学更优化，就必须坚持应用驱动。信息化能不断提高教育教学与管理的工作效率与质量，也能吸引教师、教育管理者更好地去实践。教师在信息化教学应用中，可能会产生畏难情绪，但通过一段时间的熟悉之后，就会被信息化的魅力所吸引。因为信息化让教师备课更简单、课堂更有趣、活动更丰富、作业批阅更轻松、辅导更容易，教师怎会不乐意？学生在课堂更快乐、学习更自主、交流更广泛、阅读更方便，学生怎会不高兴？学校管理更严谨、工作更便捷、覆盖更严密、效率大提升、费用更节约，管理者怎会不称心？

第二，物尽其用是最佳效果。有这样一个例子：一名农村小学美术老师在进修时向教授抱怨：“没有画室，没有器材，怎么上美术课？”教授反问道：“天上有太阳吗？你可以在有太阳的时候教学生认识强光下的阴影，无太阳的时候教学生学会色调。农村有自然吗？观察自然界后思考再创作不是很好吗？”信息化的应用也是这个道理，它并非让人人都必须拥有高端设备，而是要充分利用现有装备，让它为教学质量的提升发挥其最大潜能。

第三，人尽其才是基本要求。技术只是辅助的，人才才是核心。例如，学校缺乏书法、剪纸教学的专业师资，我们就找到民间剪纸艺人，把他的制作过程录制成一段段不超过10分钟的小视频，在上课时播放，学生跟着视频学操作。在教育信息化的推进过程中，应该让人成为课堂与信息化融合应用的主宰，推动教育信息化深化应用。

记者：的确，教育信息化的推进是完善设备、提升理念和深化应用的有效结合，应用是教育信息化的关键，学校信息化的推进不能单纯注重先进的设备配备，而忽略了常规教学的应用。现在教育投入不少，配备硬件不难，互联网接入也很容易，但是如何在教育教学中深入应用却是一道难题。学校是如何让信息技术在教育教学和管理中充分发挥作用的，有哪些具体特色和创新之处？

周艳：教育信息化推进必须做到以应用为基点，抓住信息化的核心；以教育教学和管理质量提升为准星，抓住信息化的效用与效率，这是我们推进深度应用的重中之重。为此，我们以质量为要，以创新为源，从以下五方面共同着力，培育催开教育信息化的五彩蓓蕾。

第一是创新德育方式与德育评价，让德育评价由虚到实。我们创造性地开通了班级“电子班牌”和“德能银行”，将学生的行为习惯养成、教育评价落到实处，激励学生不断完善自我。同时通过主题班会直播、校园监控等手段促进学生德育发展。

第二是创新教学管理和教学评价，让教学评价追根溯源。在线备课让教师的教学准备更便捷；在线教学让教学手段多样化，重难点突破更容易，课堂更高效；在线辅导突破时空限制，让辅导更及时有效；在线练习，教师可以通过平台及时收集答题情况，进行正确率统计分析，了解学生掌握知识情况，调整教学进度。

第三是创新家校联系，让家长深层次参与学生管理。我们将学生的校徽变成一个“全球定位仪”，学生来校、返家，都可以通过校车上、校门口的点到系统及时给家长发送学生点到信息，让家长更清楚学生活动范围；学校的校园安全监控系统可以和学校管理平台、班级空间平台链接，家长便可观察孩子的日常表现；此外，家长通过手机 APP 即可和教师随时或定时进行沟通交流，发挥家庭与学校合作教育的功能；在教师空间中上传家庭教育的学习资料、音像资料，达到随时对家长进行培训的目标。

第四是创新学校管理，让常规管理更加扁平化。信息化的普及轻松实现校园一卡通，让点到、网上开展活动、查找资料、师生交流、自学阅读、就餐、洗热水澡、亲情电话等事情一卡搞定，让师生校园生活更便捷，极大地提高了学校管理效率；无纸化办公减少行政开支，OA 办公系统可以实现网上流转，节约时间；在线管理让管理过程可视化；校园安全监控、食堂卫生监管、校车监控让“老大难”的安全管理没有盲区。

第五是建设特色课堂，让教学促均提质得以较好落实。专递课堂解决了薄弱学校教师短缺问题，名校网络课堂实现城乡优质资源共享，名师工作室建设让教师共同成长，在线公开课堂则让教学研究更加深入。

记者：据了解，现在学校无纸化办公、在线管理、在线教学、在线教研等已成为工作常态，教育信息化的建设与应用成为省市县的典范。信息化的推进是一个循序渐进的过程，学校在推进教育信息化的进程中遇到哪些困难？是如何解决的？

周艳：我们很多校长私下交流时，总有同行询问：我们也想推进，为何总是难以有进展？如何解决有教师借口年龄大不愿接受信息化手段的问题？遇到教师在上班时间玩游戏怎么处理？教师一开会就请假怎么面对？……诸如此类的新老问题很多，看似无甚交集，实则都是在教育信息化建设背景下所集中呈现的普遍现象。在信息化推进的过程中，我们也遇到过同样的问题。我一直向老师们强调，一定要增强问题意识。科学始于问题，信息化应用也始于问题，当教育教学工作中出现难以解决的瓶颈问题时，或许“互联网思维”可以助你一臂之力。如作业批阅强度大、教师备课难等，都是信息化推进的开端。出现问题是正常的，或者说是必然的，我们以问题为剪刀，修枝理叶，固本培元教育信息化的“花田”。

首先，要科学确定目标，切忌好高骛远。信息化推进有一个从陌生到熟悉再到熟练的过程，因此要尊重规律、科学安排，不能好高骛远，否则就容易让师生产生畏难情绪和抵触情绪。其次，应用要循序渐进。信息化应用有起点，要根据校情量力而行，能解决问题就是好策略。基础条件居中下，思想意识位前排，脚踏实地见成效，植根本土出特色，查找不足调方向。同时，“应用融合”要切中学校发展中存在的问题，分层次稳步推进，要根据学校财力、教师素质、学校特点逐个推进，要把握好信息技术与学科融合的切入点。再次，应用广度是没有界限的，要经常用、普遍用，教师不仅教学可用，备、教、批、辅、考、训、研等常规工作可用，德育管理与创新也可以用。例如通过“德能银行”可以让学生日常行为规范得到更好的管理，学生成长档案工作得到更好落实，也能更好地应用于学生的家校沟通；信息化不仅可以使学校实现无纸化办公，大型教育活动、日常管理督查、安全防患、评价督导、社会实践等工作都可以应用。最后，个体应用效果不求一致。为达到普遍用、经常用的目标，在深化应用时，针对不同的单位、不同的人应该有不同的要求，不能搞“一刀切”，否则会影响部分人的参与积极性。总之，我们做到了以问题为导向，抓实信息化深入推进与应用的过程。

记者：马鞍山实验学校能够在信息化方面取得如此大的进展，和您的科学领导是分不开的。我们看过您在2015年教育部中小学校长信息化领导力培训项目广州学习时的一次发言——《行至关键总要思》，真是非常棒。您认为，作为校长，应该如何更好地带领学校实现信息化发展？

周艳：毋庸置疑，信息化管理工作是学校管理工作的重要组成，而学校信息化建设推进程度取决于校长对信息化建设意义的理解高度，取决于校长对学校信息化建设工作的全盘把控能力，取决于在校长引领下的信息化的制度建设与机制创新意识。校长领导力在于引领思维方向，然后聚合共识，做到前瞻，集体实践，境界发生，达到目标，最后个人在集体中获得价值超越。

我常以花农自喻，学校就是我的一块小小花田。作为校长，我常警醒自己要以理念植入为要，躬耕引领为先，努力收获花田的姹紫嫣红。具体来说，作为学校信息化建设的组织者，在学校信息化推进过程中，我认为校长应该树立三个意识：第一是引领意识。信息化是一个综合改革与建设的渐进过程，不是学校的某一个部门或几个部门就能完成的，须上下联动、互相合作、整体规划、有序加强与师生的沟通，引领管理团队完善制度与创新机制，让制度建设与机制创新成为信息化建设推进的强力保障，唯有如此，方能无远弗届，达成推进学校信息化建设的目标。第二是目标意识。教育信息化建设应建立在“三个有利于”的目标之上：一是有利于创新型人才的培养，二是有利于教师的专业成长，三是有利于学校的可持续发展。第三是人本意识。每个个体之间都具有差异性，校长应在管理上理性认同差异、区别对待，在教育信息化推进过程中充分认识人的差异化。只有树立人本意识，才能让师生产生一荣俱荣的自豪感，最大范围地调动师生投身信息化建设的热情。

记者：我们有理由相信，周艳校长所期待的“静待花田姹紫嫣红”将一定会成为教育信息化花田喜事的美好现实。信息社会日新月异，作为一名学校的校长，要想跟上时代的步伐，只有不断地学习、持续地变革，才能以超强的领导力引领和支撑学校教育信息化的科学、健康、持续发展。我们祝愿周艳校长在信息化的道路上走得更好！

（该文发表于《湖南教育》A 版，2016 年 8 月）

曲径探幽，入信息化应用之佳境

教育信息化是对现有学校教育教学的一场深刻革命，由“坐而论”到“起而行”，这个过程充满曲折却又惊喜不断。从教育教学的方式方法、沟通手段、先学后教的理念贯通，到校园文化建设的科学规划、学生行为习惯的养成、德育活动的创新、学生校园文化生活的繁荣、安全管理的细致无缝，再到学校常规管理的备、教、批、辅、考、训、研等教学常规工作，以及后勤服务保障等，都发生了质的变化。

湖南省岳阳市华容县马鞍山实验学校在教育信息化建设中，在信息技术的应用上，从最初完成“三通”而成为享誉省内外的“华容样本”，到如今轰轰烈烈地融合应用而成为“探索先锋”，已经走过了近 3 年时间。如何有效推进教育信息化，坚持转变观念是前提，平台建设是基础，制度建设是保障，应用驱动才是核心与关键。我们的着力点是：坚持应用驱动原则，以问题为导向，深入探究信息技术应用效能，提高教育教学质量，提升学校管理水平。有一种美好叫“美酒饮教微醉后，好花看到半开时”，在信息技术应用的不断深入探索中，我们收获了“溪回谷转愁无路，忽有梅花一两枝”的惊喜，它的魅力激励我们以强烈的自觉性去追求进一步促进信息技术与教育教学深度融合的完善之道。

一、以应用驱动为基点，发挥空间应用的效能

应用案例 1：网络空间应用最优化教学

我校语文组的教研活动均采用网络在线教研。教师在课前搜集教学资源，准备好各自教案、课件提交备课组，然后同备课组教师在网络上对已搜集的教学资源进行筛选整合，编写制作最佳教案和课件，实现真正意义上的集体备课。

语文课堂教学上，信息技术得以广泛运用。譬如，在感知课文时，教师

播放与课文配套的动画朗读视频；对课文进行重点分析时，将重点词语配以鲜活的图片，加深学生的认识与理解；在字词教学特别是笔顺教学中，利用一体机屏幕既可以连续书写，也可以分笔书写，还可以在屏幕上给予孩子们怎样把字写好的窍门提示。信息化手段的充分灵活运用，使得教学更加生动形象，实现教学最优化。

应用案例 2：信息技术应用使教学难点成为历史

作文教学历来是语文老师最为头疼的内容，但我校语文教师运用信息技术使作文教学走出了一条轻松易行的教改之路。

如写景状物类的习作，写作前一周，老师便让学生用手机等电子设备，将写作对象拍成图片或视频传至班级 QQ 群共享。之后，由教师整理代表性素材，制成课件在作文指导课上使用。而对于活动实验类习作，教师会将所组织的活动过程录制下来，编辑剪接好，配上字幕制成视频，以便学生在课堂上更细致地观察和感知活动。信息化手段在作文教学中的运用，提升了学生对事物的观察能力，激发了学生写作的兴趣，降低了学生写作的难度，让学生的作文真正做到了内容具体、描写生动。

习作讲评课上，教师将信息技术手段运用到“教师现场点评—学生互评—收阅反馈”各个教学环节。教师以好、中、差三个标准选取三篇有代表性的习作，通过一体机展示，引导学生讨论，既加深了学生对写作目标的理解，又能较快地提升学生的写作水平。随后，教师会将学生修改好的习作拍成照片发至班级 QQ 空间，为学生互评习作提供模板。学生回家后打开 QQ 空间，效仿模板对其他同学的习作进行批阅。老师收阅后，针对典型实例制成课件，以“想—说—改”的方式引导学生再次参与作文修改。对于那些优秀习作，教师会打印张贴在班级壁报上，或上传至学校网络空间。

如此一来，学生的写作能力得到了极大提高，很多学生达到了“自能作文，不待老师改”的境界。

应用案例 3：信息技术应用让家校联系更为紧密

网络时代，信息技术手段在家校联系中展现出强大的应用前景。学校拥有比较完善的信息技术应用平台，除了利用学校网站、微信公众号与家长们沟通交流外，各班级均开通了 QQ 群用于交流，或是利用班主任老师的 QQ 个人空间进行交流。

班级 QQ 群和教师 QQ 个人空间的设置内容包括班级教学目标、班级工作重点、班级光荣榜、学生成长档案、活动早知道、优秀习作园地等等。各班级利用 QQ 群、QQ 空间及时发布信息，如用文字公布教育教学阶段性工作及实施情况，用图文反馈孩子成长情况，用照片截图张贴学校营养餐食谱以及学生的文稿，用视频展示学生在科技节、感恩节、民俗节、风筝节等主题活动中的风采。家长只需打开空间网页，就可以了解到自己孩子在班级校园里茁壮成长的情况，以及班级的所有动态。空间均设有留言板、说说、相册簿、日志等栏目，并都附带了评论功能，家长们可以自由发表自己的评价和建议。众多家长对空间给予了极大关注，有的家长甚至把班级空间网页设置成浏览器首页，打开电脑第一件事就是浏览班级空间，某些班级一年的访问量就超过了 3 万次。通过班级空间，家长们积极下载学校的活动资料，提出意见和建议，交流家庭教育的经验体会。

信息化手段的应用使学校、老师、家长三者的联系更为便捷、紧密和有效，家长参与学校教育的积极性和主动性大为提升，从而达到了互通有无、携手共进的良好的教育氛围。

应用案例 4：网络空间应用实现办公低碳高效化

以往，教育线上的工作布置、通知下达、资料上交、精神领会等事情，总要通过多次会议、多次印发资料、多次跑上级单位才能实现。而现在，教育局和各学校之间通过教育信息化管理平台系统，就可以全面实现教育单位之间电子公文的流转。教育局各股室的上、下行文及学校要上交的资料均以电子文本形式传输，教育信息化管理平台系统支持拟稿、申请公告、审核、批示、签章、督办发文、协办验收、待办事宜、分发等公文流转过程中的各种程序，使日常办公、通讯交流、信息管理等工作更为便捷顺畅，从而实现了教育局、学校办公零电话、无纸化的工作状态，大大降低了行政成本。另外，在教育信息化管理平台设有系统信息管理栏目，有教育局成员、各学校教师的通信信息，便于相关人员查询号码、在线留言，大大提高了单位及个人的工作效率，很大程度上弥补了时空分离造成的工作延误。我校也因地制宜，全面实现了办公网络化，各处室、各办公室之间通过网络空间应用实现了我县教育战线上“信息化平台管分发，公文流转无纸化”，形成了低碳环保、便捷高效的工作新格局。

应用案例 5：网络空间应用创新德育工作模式

以往德育管理工作展示的主要方式是“制度在墙上，资料柜中藏”，即使学校德育工作取得了一些经验成果，也难以找到对外展示的合适方式。此外，传统的德育管理工作情况基本是用纸质文档展示的，光资料整理就是一项纷繁芜杂的工作，不但需要分门别类、打印装订，费时费力，成本较高，还存在着信息不易更新、资料难以保存的问题。

现在，我校利用世界大学城空间网站，就可以对德育工作的各个环节进行全程管理，并有效地解决了上述问题。在空间网站内“德育管理”一级栏目下，分别设置了规章制度、安全卫生、德育活动、班级管理、少先队活动、校园广播、升旗日志等二级栏目。学校组织的每一项活动完成后，只需及时将资料上传到所属栏目；若遇到活动延续、数据变更，还可以随时进行编辑修改。每项活动的方案、考评细则、影像资料、结果都能便捷地通过网络空间及时上传和通告报道。信息技术的应用既方便了德育管理工作中资料的整理保存，又起到了资源再使用的作用。

我校德育处对班级管理工作的检查考核途径之一，是浏览班主任的世界大学城个人空间或 QQ 空间，依据检查考核细则，在空间里检索数据，将各班平时的管理情况汇总，并将检查考核的结果上传到学校空间，以便所有教师能随时查看，也方便了班主任比照，更好地开展班级管理工作。这种创新的德育管理工作模式不但让各个班级的管理工作数据化、可比化，而且让整个学校的德育管理工作更加具体深入、全面细致。

二、运用信息技术，切实解决学校实际问题

1. 在线活动纾解大型活动场地缺乏之急。

我校将主题班会、校园文化节、学生竞赛等活动搬到录直播教室进行，其他学生在班级同步观看，家长也可以通过电脑、手机登录学校网站同步收看。活动开展时，只闻加油喝彩声在录直播室、各班教室此起彼伏。这种活动的开展形式纾解了我校大型活动无场地、活动组织难的燃眉之急。

2. 专递课堂打破边远地区师资匮缺窘局。

我校利用信息技术打造传递课堂，以直播互动的方式，将英语、音乐、美术等学科的课堂教学同步传递到偏远的农村学校，达到课表同步、教案同步、上课同步、释疑同步的教学效果，一定程度上缓解了边远地区师资缺乏造成的开课难的局面，实现了城乡同上一堂课、共享教育教学公平的目标。

3. 在线教学开创教师自主继续学习风气。

当我校中青年教师熟练调阅人人通空间资源，广泛使用班班通设备组织在线教学时，59 岁年近退休的书法教师綦老师坐不住了。他打定主意要扎实掌握在线教学的技能，通过一个寒假的苦心研究和努力学习，他也能在课堂上熟练运用一体机让书法灵动地呈现在屏幕上，一笔一画有序生动，大大激发了孩子们习字的兴趣。綦老师的探索和实践，开创了我校教师活到老学到老的学习风气，极大地鼓舞了教师们自学信息技术应用技能的热情。

4. 在线管理实现环境友好、资源节约目标。

我校将管理与信息化融合，进行着一场静悄悄的革命：常规工作检查，直接去教师个人空间；有活动安排，用OA系统发送信息至老师手机；学校大事，到门户网站看校务公开栏就可一览无余；师生阅读使用一卡通，刷一个电子身份证，几分钟就能在几万册图书中调出所需书籍；还有方便快捷的家校联系网络，保障校园安全、卫生等工作的视频监管，便民利民的教育阳光服务站……信息技术的应用涉及了我校管理工作的各领域、各环节。

在线管理成效显而易见：实现了无纸化办公，资源了节约，每年仅用于教育教学的纸张就节约了2万余元；点对点的信息传达、会议交流，使信息畅通省时，管理轻松省力；新潮而高效的管理形式激活了教师的工作热情，助力教师的专业发展。

三、坚持以人为本，抓信息技术应用核心

将信息技术应用于教育教学、学校管理等，能够产生巨大的效益，但是信息技术只是推进教育教学改革创新、提高质量的一种手段，不能过度依赖。

设施设备是用于为教师解决问题，技术也只是起到辅助的作用，信息化建设的核心关键在于人才。以人为本才是不忽视人的作用。

1. 空间多用在线辅导交流，还需要师生面对面吗？

我校周俊芳老师在二年级口语交际《我想这样做》的课堂上，把班上学生的妈妈对孩子的期望制作成微课，在课堂上展示给孩子们看，将家庭与学校的教育相互结合，以课堂教学的形式展示出来，获得了很好的教育效果。现在我校的每位老师都能制作微课、小视频，并能恰到好处地应用。但这并不是课堂的全部，镜头里的画面再生动，也无法代替教师与孩子、家长与孩子面对面的

交谈、心与心的沟通，掌握先进的设备与技术只是教学的重要手段。简单的问题可以在线讨论，但重点的、复杂的问题还需要面对面给学生指点启智。

2. 问“百度”就知道一切，还需要探究学习吗?

我校数学老师姚政在讲解《长方形的周长计算》设疑：“一个长5米，宽2米的长方形周长是多少？”有学生在课堂上嚷道:“直接在‘百度’里输入，不就知道答案了！”这个案例让我们开始反思，运用信息化手段的作用并非只是为了让学生得到一个“答案”，更重要的是要催发学生学习的兴趣和提升他们的能力。随着网络和计算机、智能手机的普及，师生遇到疑难问题可以通过网络查找、释疑，可这并非是解决学习问题、获取知识主要途径或者唯一途径，若是忽略学习求知的过程，就会让我们的教育教学陷入误区。

3. 在线研讨产生后，还需要传统的教研模式吗?

我校通过信息化手段实现了在线教学，开展教研活动，确实既方便又有成效，但一段时间后，大家通过比较体会到传统的“团团坐”“面对面”的“唇枪舌剑”的教研活动也有它独特的味道——直面所带来的思想碰撞，更容易激发出智慧的火花。“团团坐”“面对面”的教研活动让人欲弃难舍。因此，线上线下要有机结合，传统教研形式不能彻底摒弃。

从最初的“三通两平台”建设，到如今轰轰烈烈的融合应用，我们在摸索中前进。这是一个遵循规律但又千差万别的时代，信息技术的应用是否有价值，就看教育教学在应用融合中是否获得了实质发展。智能催生智慧，马鞍山实验学校由此获得了一种底气，成就了一种文明。共享促进公平，我们将坚持应用驱动，以问题为导向，进一步深入探究信息技术与教育教学的深度融合，提高教育教学质量，提升学校管理水平。用一颗浏览的心，去看待每一种尝试，一切的得与失、隐与显都将是风景与财富。

（该文发表于《发明与创新·教育信息化》，2015年10月，有修改）

“互联网 +”让教育“自由”生长

教育想到达的最高境界应该是“鹰击长空，鱼翔浅底，万类霜天竞自由”。但愿景的实现总在“束缚过多”“兴趣缺失”“资源匮乏”“动力殆尽”的路径中受阻，甚至搁浅。这是很久以来困扰我们教与学的“瓶颈问题”，导致教育职能履行陷入诸多社会质疑，教育者不能有尊严地立于当下。

当小小的课堂即可“坐地日行八万里”，短短40分钟就能“巡天遥看一千河”的“神话”真的实现时，“教育+互联网”的“非常”状态已经无声地潜入我们的世界，变化无处不在。

我们不妨来感受一下。

课堂上，教师轻松自如地调用各种优质资源，让课堂活色生香，学生竟不闻下课铃声；课后作业时，学生遇到思维症结时在线观看微视频，还可与教师进行对话交流；异地工作的家长，利用手机旁观孩子所在的课堂，万般担忧变为舒心微笑，千里不敌“一线”的沟通；农村边远学校的孩子，在本校多媒体教室，与城区学校的孩子一起上音乐课或美术课，师资短缺无法阻止教育的普及和延伸；一所生命力不够的学校，在网络联校平台的引领下焕发出勃勃生机，教育资源均衡成为现实；教师长久以来抄写教案的重复工作被网络集体备课所取代；课堂重难点以碎片化资源出现，针对性解决学情不一的问题……传统管理的局限在推开一扇窗后变得“自由广博”，传统课堂的“诟病”瞬间“灰飞烟灭”，学生从“知之者”变成“好之者”，进而变成“自由乐之者”。

新事物总在“非此即彼”的定律中获得验证和发展，与时代同行是我们不可逆转的势头，只有自由融合，才能让科技充满人性。

融合，是运用发掘，问题导向，着眼有所改变；融合，是有度取舍，进而深度交融，提炼新的化学产物；融合，是兼容并包，开放接纳，着眼构建，追求实效。首先，课堂资源在融合，以网络平台为载体的优质资源让教学内容的呈现开放且灵动；其次，师生关系在融合，教师不再是学生获得知识的全世界，更多地成为一扇通天路的桥梁；最后，课堂结构在融合，传统课堂结构由“教师＋学生”的“二极联系”变为多方参与的“多极联系”。

融合接纳是一种开明的哲学态度，但必须把握辩证法提出“一分为二”的观点，“互联网＋”背景下还应该坚守“道”之精准。

这里的“道”应该是“互联网＋”背景下的办学使命和以人为本的管理机制。高远的教育理想，可以摒弃以办学成绩作为“仕途”台阶的私利行为，不为“信息化”而信息化，求得人生命质量的提升；以人文本的管理机制，不为融合而勉强拼凑，可以摒弃以牺牲师生身心健康为代价的短视行为，激发教师持续不断的工作激情。对信息化融合抱持耐心细致地引导和驱动，对人的身心发展规律和教育教学规律抱持敬畏之心，对教育之道进行坚定的守护。

形式被拒绝，思想就无从谈起。仅仅学会皮毛，只会加重教育的负担；仅仅信奉“酒香不怕巷子深”的俗语已经不适应时代了。如果过去的困扰一直在增加新的困扰，那么，科学改变必须从此刻开始。

探源固本 融合发生

“鹰击长空，鱼翔浅底，万类霜天竞自由”，这应该是教育想到达的各美其美的最高境界。但愿景的实现总是束缚过多。这是很久以来困扰我们教与学的瓶颈问题。2013 年 6 月的一堂太空授课震惊了世界，也震撼着我们的心。这是航天科技发展与互联网融合带给我们的新视界，也是“互联网 + 教育”的绝佳范例。那么，“互联网 + 教育”背景下的数学课堂，是否能借势有所改观呢？

2014 年 10 月，我校完成了“三通两平台”建设，开通了资源平台和教师空间“人人通”，开启了以问题为导向，走思考为本、数字化为源、互联网 + 课堂的融合探究之路。

课堂的向往在喜欢。“数字化”走进课堂，课堂教学呈现方式在变。以信息为载体的优质教育资源可以自由便捷采用，教学内容的选择不再局限于教材。教师可以制作五彩缤纷的画面，将喜闻乐见的游戏搬上讲台，以激扬学生探究兴趣。我们的课堂多了不拘一格的“概念理解”，有了灵动轻松的阶梯练习，动静相宜地学生活动——静悄悄的“看”和热热闹闹的“想”。

儿童的智慧在指尖。“数字化”融入教学方式，课堂主体在变。传统课堂中的讲授者和学习者的双边学习，变为了多媒体和网络资源与师生之间的多方互动。教学手段在变，对数与形的理解可以动手操作，猜想验证可以参与互动，把“空”和“隐”的东西显性呈现，从模糊意识提升到清晰认知，从表面认知提升到深刻理解，让抽象算理直接化，让空间想象直观化，让操作促进理解，让“人人体验”获得超越自我的满足感。

思考的魅力在解决问题。“数字化”融合数学思维建构，课堂三维目标在变。我们借助“数字化”，把单一的数学内涵和系统的知识链建立联系点，把数学知识和生活现象相结合，让学科功能和学生学习趣味完美统一，让思考摒弃“应试高分”的单一评价，进入思维的高阶模式。我们借“数字化”的动态演绎，解决了直线型图形周长和面积教学时概念混淆的难题，借助思维导图的绘制解决了数学知识体系的归纳小结,发展了学生的学科思维能力。

发展的价值在适合。“数字化”融入教学检测和差异化辅导，学习生态圈在无限扩大。微视频和翻转课堂的实施，让学生可以通过线上预习，课中解决集体难题，线下查漏补缺。教师可以全程监管每一个孩子的学习状况，针对性地进行辅导。平台上的家校沟通功能，更好地解决了留守学生无人辅导作业的需求。

当小小的课堂即可“坐地日行八万里”，短短40分钟就能“巡天遥看一千河”的神话实现时，数学课堂的“筑梦之旅”就显得简单丰富，无与伦比。我们期待，在信息化与课堂融合创新之路上会出现更多的惊喜和发现。

（该文发表于《湖南教育》C版，2016年12月）

第六章

人生路上的教育感悟

从初心得始终

尽管是在会议通知的模式下去观看中央一台的《榜样》主题节目，但我依然觉得很值得的。一个半小时，我身边的喧嚣渐次隐退，有些浮躁的心在“榜样”故事的讲述中随之宁静，而后热烈，作为一名共产党员的自豪感也油然而生。

当泪眼蜿蜒，从嘉兴南湖到井冈山，再从延安至西柏坡，朦胧中每个在眼前浮现的人都用“忠诚和坚定”实现了心中最朴实而高大的愿景，无论现实严峻还是环境苛刻，90 多年以来千千万万个中国共产党人为“恪守初心，不负使命”的这句承诺，在平凡又伟大的岗位上，坚强又充满自信地行走。

罗官章带领牛庄人种植天麻蔬菜致富，儿子病死，他竟然无法守护在家里，他的一双手布满了老茧，他用这双手握住了奉献，攥住信念。支月英守住大山 36 年，女儿说她不是好妈妈，她用一双智慧的手，为两代山里人，撑起了希望的天空。苗振水，师级干部退休，却做了个无编制、无报酬的书记，他那双握着党旗的手，温暖着 20 万进京务工人员的心，为他们建起了充满温暖和爱的大屋檐。李贝是娄底市巡警大队长，他扮毒贩、入虎穴，用一双拿枪的手、帮助别人的手，为民众撑起平安的天。94 岁的吴孟超是中国肝胆外科之父，一双妙手回春的手讲述的是责任的崇高、人生的意义。王恩东，大器成大事，国之所需，心之所向，他那双敲打键盘的手、开拓创新的手，把一个人的命运和国家的命运挑在了肩上。琼沙三号，台风到来时不顾安危为西沙群岛送补给，那群把握方向的舵手握着责任的手，把平凡和信念书写成了最高贵的精神。

在这个“社会人”承载太多负累的今天，一群人，一件事，一辈子，这样的坚守如同针尖狠狠地戳中了我的心脏，颤抖得不能自已，唯有用难得的眼泪诉说着一份感动、几分崇敬。我们的灵魂在“榜样”的洗涤中再次燃起“纯粹和高尚”的渴望，我们渴望向榜样那样去践行当初的誓言，渴望通过自身微小地坚持去唤醒更多的灵魂，积攒正能量。这份获得不易，弥足珍贵。

在主持人与“榜样”主人公进行交谈时，我记住了支月英的纠结：我走了大山的孩子谁来教？记住了李贝对同为警察的父亲的追问：爸爸的时间去哪儿了？李贝的女儿追问：妈妈你何时能陪我在楼顶看烟花？记住了王恩东的追问：我不知道是否能完成，但不去做怎么知道行不行呢？

这些问题看似简单，可需要每一个有责任心的人用一生的努力来回答。

或许《榜样》想要传递的并非是主人公曾经的艰难，想要引领的也并非是必须要向他们那样“倾其所有”去奉献。他们要传递的应该是一种忠诚国家的信念，展现的是国民的信仰，散发的是希望。他们希望更多的共产党人在“头顶明灯”般引领下履行自我的职责，践行党旗下的诺言，做最好的自己，吸引更多的同伴，让更多的人看到未来的美妙。

我们清醒地知道，美好世界的距离还在接近中，追寻之旅的艰难也将持续一段时间。但我们心底有希望，社会的进步在一群人的“先锋模范”拉动下曲折向前，这将成为必然；不久的将来定能有所改变，有所实现，只是我们不再需要用亲情或者生命的全部作为代价去实现价值，而是成就他人，实现愿景的同时成全自我，幸福自我。

不忘初心，继续前行！榜样的力量将我们带到最初，带向最远。

2016年11月23日

体育：从“人本”到“国本”

——听毛振明教授一课有感

今天一课的主题是：体育是什么？体育教育是什么？问题看似简单，却如春风吹皱一池碧水，引发我们思潮热议，带来几许忧愁。讲课者，毛振明教授，理工科精练男形象，却有着不一般的语言魅力，浑身上下透着抹不去的体育精神和崇实体育使命的激情。偶有片刻，在他节律的肢体动作里，我的眼眶湿润。

体育是什么呢？三个半小时，这个曾在日本留学和工作达8年之久的中国人，毛教授分析国际国内局势，对比军事技术，剖析日本国家现状。他告诉我们：体育意味着贫困时期的生存，健康才能抵御疾病；体育意味着灾害时期的武器，粗胳膊粗腿才能保护家人；体育意味着发展时期的生产力，健康才能有创造；体育意味着竞争时代的荣誉，文明时期的生活，强于世界的国运。体育新，则国运新。2008年奥运会来北京参加开幕式的外国元首共88位，他们为了贺喜体育盛会而来，这是对“体育精神”最有力的支持。

毛教授用故事和案例告诉我们，体育是热血运动，是让人越学越热的文化学科；体育的课堂能即时评价，是可以沐浴阳光、经历风雨、享受公平竞争的磨炼学科；体育是挑战极限，是可以直接体验成败，战胜自我的心理学科；体育是不断刷新纪录、极致兴致、高峰成功的体验学科；体育是一群人有目标有组织、真诚协作、承担职责、共同进步的集体学科。体育不仅可以健康身体，还能协调情感，陶冶情操；体育是人与社会沟通的桥梁，是集体精神与行为规范培养的必经之路。失去它，就失去了人发展的意义。体育作为文化，成了现代人的必修课。

这堂课，给人的不仅仅是知识意识，更多的是警醒。体育不仅仅是人健康的需要，更是国家发展、国力强盛的必需。当国民体质日渐衰弱，男人不能去当兵，女人不能健康生孩子时，又何来“大中国”之梦；当学校教育只关注学了什么知识，却不能让每一个人有坚强体魄和健康习惯的时候，竞争面前我们自然不战而败了；当孩子不愿见阳光，不会说话交流的时候，我们的民族还是会被冠以“东亚病夫”的耻辱。体育是什么，是获得不被人随意欺负的尊严，是向生活要幸福的底气，是敢于接受挑战承担责任的勇气，是为自己为他人服务的本钱。重视体育就是重视人本之、强盛国本之根。

反思现在中小学层面的体育教学，因为不明确该教给孩子什么，所以照本宣科教教材，只为完成课时任务而应付；因为学校没有明确的体育工作目标导向，所以体育教育无规划，体育教育效果不明显；因为没有领悟体育的价值真谛，所以“听风看相”片面地搞训练，随意地安排活动；因为安全问题而因噎废食，人为性限制活动或者取消日常活动……这些问题产生的重点在学校体育卫生工作的目标不明确，对体育的理解有偏颇，难点在我们把“人”看得太重，把人的发展看得太轻了。

毛教授坦言：从不可思议的埃及回来后，他最大的感受是无比热爱中国共产党。因为有了党的领导，才让我们有良好的社会秩序，有明确的服务组织。虽然目前中国还不够完美，可历史进程中的挫折与伤痛是在缓慢回升中治愈的。

今天一课唤醒了沉睡的体育精神，点燃了学校体育任务的使命。我想，以教授“信心参与，始终等待”这种心态来开展体育工作的改革，定能做一点，实现一点。

坚守而为，发现更美的自己

——参加师德讲坛培训者培训有感

清晨，同升湖的鸟儿已经叫得很欢。放下忙碌不堪的工作，来到了同升湖，不是逃避，不是休息，而是学习、历练和提升。

这次参与培训的同学阵容超级奢华，藏龙卧虎。诸如十八大代表、全国五一劳动奖章获得者、全国劳动模范、全国优秀教师、公益名人、最可爱乡村教师、最美乡村教师、优秀班主任、全国演讲特等奖获得者，甫一相遇，顿觉光芒汇聚，耀眼璀璨。

我期待在这种璀璨中遇见简单、质朴、真实、温暖。

兰朝红，是十八大代表，看上去与常人似乎没什么两样，她一再告诉我，她只是做了最简单的事情。作为校长，她用女性的肩膀挑起了一所乡村学校的重建工作，从无到有，苦中有乐。作为代表，她为山村教师争取边远津补贴，递交提案上百次，尽自己的能力鼓与呼。是啊，坚持将简单的事情用心做下去，才是真伟大。

李小龙做着自己喜欢的公益助学，他一再强调说，公益不能影响工作、不能影响自己生活。他网络助学的名字叫作“叮当猫”，猫是有灵性的，是敏锐的。他自费建了助学网络，发动大学同学帮忙建立基金会，他对公益的认识已经到了一个很高的境界，并用行动改变着他周围乃至更大范围的社会生态。

单翼飞翔的谭华勇老师自信坚强、乐观豁达。在团队建设的时候，谭老师拒绝了我对他的照顾，我仔细观察过他左手写字的姿势，端正优雅，那是发自内心的美。

吴才有，拄着拐杖来到了这里。他坚持站立着进行演讲，他的表情坚毅而充满希望。他是一个用生命坚守的汉子，在大山里的三尺讲台写就属于他的铿锵青春。他虽说身体残废了，但精神没有趴下。

网络妈妈谭兰霞用自己的微薄之力，资助山区上百名留守儿童。后来，她建立了助学基金会，每个暑假都要走村串户走访贫困学生。她做的每一件事看似很微小，却温暖着贫困孩子的心田。她在演讲中说，希望能有机会回到县城，回到丈夫和孩子身边。她是真实的，正在这一刻触动着我们的心灵。她其实在努力不为声名所累，做回真实的自己。

黄佩，一个不幸的阳光女孩，27 岁身患绝症，治疗中却没有放下工作，别人质疑她："你是图名还是图利？"她说："名誉对我而言无意义，金钱对我来说也无意义，因为它们都无法再给我健康的身体。我只是想在我仅有的生命里，还做点自己愿意做的事情，发现更美好的自己。"在知晓生命随时可能失去的前提下，她竟然能够淡定地、灿烂地在讲台上付出。不悲不泣，只是因为需要在坚持中发现最美的自己。因为愿意，她没有恐惧，没有奢望，这该是多么无私的境界。"生命在低处，灵魂在高处。"用有限的生命去做无尽的付出，期待且敬畏那些谦卑有瑕疵的生命，冷静而达观，恭敬而自足，这不仅是师者德馨的彰显，更是一种师者先达的可贵品质。

这时候，我想忽略这帮人的浩大光彩，去看到背后人性的光辉。好的师德或许不是惊天动地，而是春风化雨；好的师德或许就是教师的一丝微笑、一个抚摸、一份关爱、一片温情。他们做了这些，其实更多是基于对生命本身的关注和从良心生发的自觉。所以，师德的养成其实就是在成就他人的过程中不断发现一个更美的自己。

师者的美，在于发现美，唤醒美，传播美。教师会打开很多扇门，门里是无法估量的艰辛，门外是无数个灵魂的远行，我们循着成长的原始节律，从最低处出发，坚守而为，抵达一个高远的世界，那个美好的世界就是教育催生的未来。今天我们在仰视师德高尚之余，还需要跟着这种引领，坚定地走。师德从来不是说说而已，需要我们用行动去坚守！

行动力改变一切

——写在湖南省“生态文明进校园”首届国培班培训上的反思

12 月 7 日，“生态文明进校园”首届国培班开始了。全省各市州的七十名学员将在这里度过紧张、充实又难忘的 12 天，即将骄傲地成为第一批“文明使者”。

开悟——使命在肩

今天的开班典礼上，葛厅长做报告，开篇就抛出了一连串的问题：什么是生态文明？有何意义？生活习惯如何与生态文明相吻合？行为准则怎样？这些问题振聋发聩，我不由得展开了思考：严峻的现实面前，我们为人师者到底懂得多少？又为此付出了多少？一种强烈的使命感涌上心头。生存的需要、人与自然和谐的需要、体制改革的需要、高品质生活的需要，这些都是我们需要面对的课题；而整个社会形成生态保护、文明成长的观念，我们教育者可谓责无旁贷；面对严峻现实，我们应立足现实、知行合一、实现构想。

希望——破冰之旅

在团队设计中，小组 8 个成员憧憬着绿意飞扬的世界，和美共生的阳光校园。“唤醒温情，学会微笑，珍惜情谊，付出行动”是杨栋老师提出的破冰行动的倡议，他让我们融化了陌生和羞怯，转化为积极向前的力量，“一路上有我相伴”的团队精神在短暂的 3 个小时里悄然生发。我们愿意从自我出发，用思维观念改变一些人，用实际行动带动一些人，用人格魅力影响一些人。不久的明天，生态文明这粒火种定会在全省的每一个校园里展露新绿。继而达到人与自然的和谐，人与环境的和谐，人与人的和谐，天地人的完美融合。

释怀——接受成长

开班 3 天了，在专家的引领下，我的思路开阔了不少，认识深刻了不少。当我们一边摸索一边反思，寻找到“自己想要的”“自己能做的”“社会能给的”三者之间最佳契合点时，就激活了成长的心动力，成长就回归到了理性世界和准确平台。这将形成一种自觉意识下的规划和行为，主动构建，快乐前行。我想，生态文明这艘始发航班，载着思维意识盛宴，能让我们首批游览者心中留下点什么，坚持些什么，改变点什么。至少，我不能做拒绝成长队伍中的一员。

环保——知行合一

环保，这两字的含义似乎谁都知道，可在日常生活中，我们总会不经意地去违背这些理念。在环保方面要做到知行合一，我认为，首先，要解决一个思维观念，不随波逐流；其次，要顶得住压力，坚持该坚持的；最后，要发挥智慧，改变能改变的。正如班主任杨老师所说："只要我们自己是光明的，社会就不会黑暗。"只要我们勇敢地种下一颗种子，那定会生长出一棵大树，洒下更多的绿荫。

生态文明——攻坚克难

课堂交流环节中，老师们很多言论中都透露出一个困惑：没有钱，我们无法工作。其实，工作的方式很多：我们可以用培训的方式去改变孩子们的思维，更新他们的观念；我们可以教导孩子们养成爱花护草的习惯，提升他们保护环境的意识；我们可以引导孩子们从事垃圾处理，教育他们尊重他人的劳动成果……关注细节，关乎生态关系的每一处发生，行动就是最好的证明。

我们在路上

——参加岳阳市师德报告团有感

见到你，我变得很低很低，低到尘埃里，但我的心是欢喜的，并在尘埃里开出一朵花来。

——题记

一个星期，从你们中间出发，我回来了。从原点出发，我只有无畏，这段时光里一笔一画、一言一语的篆刻，汗与泪的杂糅，心与情的拷问，我的坚强和脆弱，以及我无畏的进发，在神往与坚守中接受洗礼，获得重生。就如一阵风，纯粹环保的风，点点滴滴滋润心田；就如一缕阳光，丝丝扣扣温暖心房。我的心脏强大而蓬勃地呼喊，就是这泓清泉，就是这股清风，在我怀里，满满当当。

很多人问起，怎么样？我微笑，然后偷偷用手掩住双眼，我脆弱得只要有眼神触碰就会撕开被泪海澎湃的大堤。

分别的那夜，我们肆无忌惮。我们很少说话，只有眼神的延绵。我们笑，任凭泪水在笑靥里低吟；我们喝酒，任凭酒水肆意流淌；我们拥抱，我们需要拥抱的温度，需要彼此感动的微笑，需要心底里道出的一声尊重，需要尊重里的娇羞。我们狂饮，一杯又一杯，只为让敏感的神经末梢少牵扯出眼泪。因为我们的快乐再也不需要泪水的浇灌，我们有了艰难中的同行者，我们能在这个团队一段又一段的掌声里汲取力量。

终于我还是背叛了自己，黄佩就是我睫毛上那珠落不完的泪。她写过这么一篇文字。

正视死亡——做一个坚强的教师。28日下午丈夫去拿检查结果，去了很久很久。回来的时候，他轻描淡写地解释道：“今天医生已经下班了，没拿到！”我见他挺温柔平和的样子，不像平常大大咧咧，眼眶也红红的。我便明白情况肯定不对。在我的强烈要求下，丈夫拿出了检验报告单。化验单上几个铅字，分外刺眼：结肠 Ca 晚期并伴有肝转移癌。那一刻，我们夫妻两个心知肚明，都没有说话，只是默默地相对而泣。

为什么命运要这样捉弄人？我不敢相信眼前这张化验单是真的，我更不信死神已经向我宣判了。也许是上苍给我开的一个玩笑吧！生性倔强的我并不想就此向命运屈服。丈夫不断鼓励我，只要乐观坚强面对生活，死神也会望而却步！我还有一个可爱的女儿，名叫妞妞。当我得病时，她只有两岁多。“结肠癌”是怎么回事，她根本不懂；命运给她妈妈开了多大的玩笑，她也毫不知情；这会给自己带来怎样的影响，她更加没有概念。

重登讲台——做一名有责任心的教师。2011 年 8 月，向学校领导主动请缨，成了 103 班的班主任兼物理老师。有一天，学生蒋平上课时不认真听讲，用手机玩游戏，被我逮了个正着，我当场没收了手机并严厉批评。这名男生一气之下竟然用难听的话骂起来，还反复说道，你这穷酸样，住着学校给你的破房子，如今还想借机侵占我的手机不成。头一次因为管教学生反被辱及父母和自己，那一刻，因为病痛受到的折磨，因为故作坚强的压抑，因为不被理解的委屈，都一齐涌上心头，眼泪当时就在我的眼眶里打转。接下来的一次班会课，我主动提到了自己的病情，头一次跟学生聊起自己重返讲台的原因。我说：“有人曾问我为什么不留在家里好好休息，我说我不喜欢坐着等死的感觉。回到讲台，能让我感觉到，自己活在这个世界上还有一些价值，还有人需要我。看到你们的成长，我就能像你们一样快乐。现在，我的病情不稳定，也不知道还能陪你们多久。”说到这里，我忍不住，眼泪终于掉了下来。这是学生们第一次见到我流泪。看到我伤心的样子，学生们也一个一个低着头，想哭，却又不敢让我看见，怕我见到了会哭得更伤心。

2012 年 10 月 28 日。学校举办了一次感恩教育专题报告会，有一个环节，请各班 15 个学生代表上台拥抱一下自己的老师，表达感激之情。每个班都很有秩序很庄重地举行着这一仪式。可是，轮到我们103班的时候，场面忽然失控了。几名女生将躲在一旁的我请到台前时，全班44名学生，每一名都认为自己可以作为代表，一拥而上冲到了台前，纷纷抱住了我。抱不到的，就抱住自己的同学，里三层外三层，大家抱作一团，相拥而泣。那一天，我又一次在学生面前掉泪，因为感动，因为满足，因为幸福。三尺讲台给我带来的价值感，是我生命的最大动力。我觉得自己所有的付出都值……

就是这样一个女孩，在她最美好的年华里遭遇了最残酷的打击，练就了她坚强不屈的身躯。

霓虹灯摇曳，黄佩说我好几年没有唱过歌，今天她想拿话筒唱一首——《我想有个家》。黄佩低沉嘶哑的声音里有着怎样的渴求，薄得如纸片般的身体始终在颤抖，她把积攒了好多年的精力在这段曲子里了一吐为快。或许她就是一只朝着航灯不停划桨的小船，望得见前头的一片火光，却不知道何时能在那片璀璨里获得窈窕的背影。我害怕去品尝她歌曲里的每一句话，更不敢多望她一眼，我努力抑制自己的无助和对上天的怨恨，泪水还是没有忍住无声地掉下来。我们试图用欢快的节奏伴随她的音律，僵硬的身躯始终无法有丝毫的摆动，听，倾听，用心倾听，或许才是最恰当的尊重。陈科长，这个豁达的大男人，他伸手紧紧抱住了这个颤抖的身躯，拍着她的肩膀说“加油”。那一刻，我分明看到了温情在升腾，空气似乎都凝固了，真诚关爱和无私相助是人与人之间多么美妙的情感。黄佩说：我需要这个讲台，我不喜欢在家里等死的那种感觉。是的，我们需要很多，譬如工作、亲人、朋友、爱和被爱，需要和被需要，这就是存在的价值。我们被爱，也爱着他人，这就是水乳交融。三尺讲台，成了我们毕生共同的需要。人的生命终会走到尽头，唯有工作，才能把美好延续给学生们。加油，黄佩！加油，我的伙伴！有勇气地活着，有担当地工作，有良心地付出，就是一切快乐的交汇！

她，他，他们，大男人，小女人，老革命，用青春岁月和一辈子的承诺绕过由人生编织的千千结，用柴米油盐酱醋茶，用风风雨雨付出的艰辛和收获的喜悦结成一个有质感的艺术品。艺术品里每一画笔墨都是无法替代的，每一个脉络都是不可复制的。谁说只有“大家”才能拥有仰慕和敬佩？谁说“感动”遥远在天边？谁说“伟大”必须惊天动地？你们，就是最朴素却最有力度的见证。

记忆里还有平江的那位“老黄牛”。有些皱纹的面容，嘶哑的声音，匀称的身材，衣着朴素，这是外形；55岁，工作了36年，今年要退休了，这是年龄和工作时间；班主任，年级组长，兼四个义务学校报账员，这是工作量；老公在深圳一家公司做主管10年，因为她不舍工作，只好辞职回平江山区支持她的工作，这是家庭状态。36年来，她如母亲般默默关爱每一个留守学生，管饭，管起居生活，管心理辅导，典型的家教家养，却从未收过家长的一分钱。为学生垫付资助费用不计其数。收到最贵重的礼物是一个受他照顾的孩子家送来的一条草鱼。工作中的两次调动，是在学生家长要求下进行的。哪里需要就在哪里出现。她说：这些年做这些事，从来没有想过要得到什么，今天，领导给我这样高的评价和巡回报告的机会，我觉得太感激了。现在正为要退休了，无法照顾孩子们的发愁，她觉得自己还能为教育为学生继续做点什么。

很少有时间出门走走，就连岳阳也是二十几年前来过一次，她没有时间出门旅游，就连君山、张谷英村都没有去看过，她没有吃过螃蟹，没有品尝餐桌上经常出现的“奢侈品”。酸奶，是的，即使普通的酸奶，她也没有机会去品尝。她最多的是在大山深处默默地守着孩子，依赖大山里原始的滋养和她的一腔爱意，为留守孩子描绘一方蔚蓝明媚的天空。在岳阳县留宿的那个晚上，一起散步回宾馆后，我还是一个人出来，走了两个街口，买回了各式各样的酸奶，再挑一些送到她房间，我觉得，作为这个团队中的一分子，我需要为她的“第一次”做点什么。

去岳阳楼区的头天，她上午从平江出发，转了三次车，赶到宾馆时是晚上 8 点，吃饭时狼吞虎咽，为了节省路费，节约时间，她宁可挨饿。有次堵车从岳阳回平江时已经深夜，她迫不得已租了一辆车下乡，回来时还不停地解释原因，她觉得自己做得不应该。对学生大方慷慨，对自己却苛刻小气。我不忍看她的眼睛，我害怕我在这种神圣面前泄露出自己的渺小。但每次坐在她身边，心情再烦乱也会在瞬间平静，让人舔舐到甜美的蜂蜜，如潺潺的流水载着凡夫俗子在曲径中找到幽静的寓所；伴着她行走，都会有股力量牵引着我，毅然决然地跟着她的步伐迈进。

记忆里还有一个她，军人的妻子，几十年为了学生，为了家庭付出无怨无悔的平凡母亲；还有一位在危难中受命，低谷中依旧坚持前行的好校长；还有一群在教育路上不停奔走，奋发的教师代表。我们彼此凝望，骄傲地在路上跋涉和享受。

见到你，我变得很低很低，低到尘埃里，但我的心是欢喜的，并在尘埃里开出一朵花来。是你们，如头顶明月的清辉，轻轻淡淡地笼罩着我；如一根敏感的琴弦，在心头颤颤悠悠，只需要一丝气息就能拨得一曲悠远又清亮的旋律。这旋律是用你们的心血和灵魂一个音符，一小节谱写出来的。它没有耀眼的色彩，没有华丽的装裱，却在停停走走的岁月里，如散落的珍珠，灵动着每一段路程，每一段时光。

痛，是因为爱

——读《拿什么去爱你，我的孩子》有感

今春的雨连绵，雨夜安分地读一本书，不失为一种幸福的选择。案头的这本《拿什么来爱你，我的孩子》悄悄地躺了几个星期，宛如路边从没有被人注意的奈李，平常地挂在枝头，终于在一个星期的潮湿空气中读下来，才发现那光亮的果实下竟然裹着如此多的苦涩。这本书由教育专家孙云晓和报告文学作家阮梅合著。两位作家七年的沉底采访，涉足全国各中小学校、未成年犯管教所、精神病院、脑科医院进行调查，研究了数以千计的未成年人由健康走向不健康的苦痛心路历程，选取了其中最典型的鲜活个案沉痛地呈给世人，字里行间透射出作者的关切之情和责任之重让我愧疚丛生，久久无法平静，不禁扪心自问，我们到底准备了什么来为人父母，为人师长。

《拿什么来爱你，我的孩子》这一标题该是心中情感的流露，他们代未成年人发声，这样的一句反问，是诉说现实的无奈，家长对子女的教育确实还存在亲情缺位、责任缺失、方法缺乏的现状，孙云晓老师和阮梅先生把这枚还没有成熟的草莓重重地拍在了家庭这个窗格子里，暗红的果酱里透着刺眼的血丝，心痛之情溢于言表；《拿什么来爱你，我的孩子》这个反问更是一句拷问，是心灵深处的拷问，是良知的拷问，作者以母亲的身份，问问天底下的父母，一边获得一边失去的生活里，忙碌与盲从是否成了你们角色偏航的借口，孩子是否失去了自我，成了你的私人物品；《拿什么来爱你，我的孩子》这个反问更是一种警世箴言，每一个孩子都是春天这个大花园里精心挑选的种子，他们都应该有绽绿吐芳现风采的时刻，别让孩子成为你虚荣心的牺牲品，孩子的成长比成才更重要。勇者不惧，德者不孤，感人者情，服人者理，知人者智。这将是阅读这本书的人最先感知到的作者的人格魅力。

《拿什么来爱你，我的孩子》全书由三部分组成。

第一部分缺位篇：孩子，你怎么了？应该是全书的浓墨重彩的一章。它以犀利的笔墨展现了当代未成年人最客观现实的心理现状，用孩子心底最原始的声音昭示：我需要关爱，我需要交流，我渴望理解，谁能懂我？如泣如诉的笔调激活了成人心底最深处的理性温情，更正了很多父母在心底里那份因为爱，所以忽略、所以严厉、所以包办、所以自我、所以伤害、所以为所欲为的错误教育方式。面对“因为父母离异而精神失常的佳佳”，看着“因为父亲虐待母亲而生心理疾病，偷盗成性的芸”，看到“以爱的名义逼孩子选择不能接受的专业的父亲”，看见“丰衣足食而精神世界空虚的干部子女割腕自杀”，还有因为亲情缺位造成的早孕，误入歧途的孩子……这个本该纯洁欢乐的世界里竟然是错位的道德，迷惘的选择，空虚的人生，死亡的暮气，这种残酷的真实里，我们除了心痛，更多的是需要反思。立在无邪真实的童心之上，我们不禁要问：这一切是谁之过？成人用自我的思维限定的“是与非”，如同枷锁，禁锢了孩子活动的自由，人性发展的自在，思想创造的翅膀，过多的约束，“不允许、不准、不可以”如一柄闪着寒光的匕首，刺痛了他们的心脏，刺破了他们梦想的气球。本书淋漓举证，痛心告诫：生活是需要忏悔的，社会，学校，家庭延至社会的每个人。心理健康决定孩子一生的幸福，成人比成才更为重要，对待孩子，我们真的不能滥用爱的名义为所欲为，他们也需要尊重……

第二部分探究篇：谁对应试教育说不？苏霍姆林斯基说：“在每个孩子心中最隐秘的一角，都有一根独特的琴弦，拨动它就会发出特有的音响，要使孩子的心同我讲的话发生共鸣，我自身就需要同孩子的心弦对准音调。”孙云晓老师和阮梅先生就是拨动琴弦的大师。他们走进家庭，走近学生，倾听孩子的诉说，走进学校，倾听老师的诉说，他们用真诚打开了很多问题学生的心门，他们用心倾注，用那双拨动琴弦的手挽留了很多即将逝去的脚步。最基层的案例证明，教育孩子别在白杨树上摘松子，别用你身体的勤快代替思维的懒惰，别养个孩子不当人，别让你不经意的“冷暴力”毁了孩子等。

第三部分救赎篇：天使就在你身边。从教育者的角度来谈对孩子的关注，客观真实地提出了问题，也科学稳妥地给出了建议。在天平的两头，智商与情商，分数与能力，教书与育人，身体健康与心理健康等，始终没有固定过比分，一直在“一张试卷定终身”的牵引里摸索前行，问题的症结是多方面的，父母的观念，学校的理念，社会的影响，教育体制的限制。真实的数据展示，真实的现象剖析，真实的案例处理，让我们从本书中得到了更多的理性指导。例如：真正的教育是“自我教育”“教育的核心是培养健康人格”“分数不是评价孩子的唯一标准”“树立终身学习的观念”“良好的习惯是健康人生之基”等33条专家谏言，让我们坚信矛盾是推动发展的必要条件，我们为人父母、为人师者只有在思索中前行，在思索中不断地纠正，在纠正中继续反思，继续行走。

掩卷沉思，胸口有一种挥不去的隐痛，阮梅先生在接受采访时，提得最多的字眼是：痛，走不出去的痛。这来自内心的呐喊，源于对民生的关切，这需要勇气，需要责任作为原动力，在这责任不敢担当的年代，他们为社会大胆喊出了一声“痛”，“没有不良的少年，只有不幸的少年”，这个判断又该让多少人去思忖自我的行为。品味之余，我不由得对作者肃然起敬，是他们的坚持和努力让我们明白生命必定有着一个神圣的来源，那就是爱，尊重地去爱，痛苦地去爱。当你尊重每一个孩子，选择合适方式去爱，痛的余觉一定会时常在你身上旋绕着提醒你，怎样爱才正确。阅读这本书，我收获了几个季节的成果，如同一朵春天的水仙开放在了我的秋天里。

第七章

生命中的微笑与哀愁

流光年华

（一）青葱年华

有一片竹林，绕着老家的房前屋后，密密牢牢锁着我的眼，雪霁冬阳里追逐阳光下竹叶缝隙里斑驳的光点，秋雨绵延里追寻竹叶上滴答清脆的一问互答。

燥热的夏夜，歇了蝉鸣，我躲在窗下总会听见竹林里的窸窣，耳蜗里似有竹枝又伸长了一寸叶，也有竹节忽地往上蹿了一截，等我天明时去查探，却难以找到是哪株发生了变化，他们怯生生地躲着我，却又毫无遮掩地挺拔在我面前，光溜溜的身子一株又一株落入我疑惑又惊喜的眼里。

一晃又是一个春季，它们就在我睡梦中一层层、一节节猛地长高，成片，成林。

我不停地追问:“它们明明长大了,为何我却从来都没有看到过？”爸爸说:“竹在拔节,不着痕迹,你看不到它的落箨,也感觉不到它的竞长。”母亲说:“等竹笋长成竹林，你也长大了。”可幼小的我总也想不明白，是时光让我长大，还是我们让时间流走。父母温柔一笑，说：“等时间来告诉你吧。”言语间充满了难以名状的诡谲。

流年似水，我终于长大，在时光的浸染里我亦步亦趋，渐渐知悉自然世界。我不知道自己走过的每一步是否踩着时光轴，可我知道，时间是光明的，我是循着时光的光亮长大的。即使闭上眼睛，即使在黑暗里，时光也能如火焰在我心里燃起，温柔地撺掇我的心房。

兴许是农村孩子坐车机会太少，我从小就晕车，闻见汽油味就恶心，胃里翻江倒海，胆汁都能吐出来，坐一趟车要承受的难受不亚于一场病痛浩劫。每次坐车后我会在床铺上躺着不吃不喝，直至苏醒。读师范第一年不满 16 岁，进校后第一个周末，望着空空如也的宿舍，心中陡升一股思念：我要回家。从岳阳湖滨坐车到巴陵大桥，再从岳阳过洞庭湖到华容县城，还要从县城再到梅田湖镇，一整天的时光就在车窗外树影疏离里匆匆而过，路旁偶尔有几簇野菊花丛，淡淡地点缀在我充满期待的眼睛里，我竟然觉得遥远的回家路途变得诗意起来。当我背着双肩包从客车上跳下来，头发和衬衣的后背已是汗津津的了。我居然在余晖里一眼看到了父亲，金黄的夕照将它浓浓的色彩镀在了父亲的脸上，他立在风里张开双臂，似从天而降，却只为守候女儿的回家。父亲的这份守候，让我不再害怕成长的时光里一次次的困境，一次次的磨砺。

（二）流年光景

时光是素净的，如皓月在头顶升落，任清辉照耀在每一个角落。那份不起眼的淡雅，如一支画笔，随着时光的挪移在我心里不停地描摹，添色，加深。

我习惯去凝视那份素净，凝视时光画笔下描绘的每一处风景，凝视时光荏苒里出现的每一个人，时光流逝中不可或缺的事件，时光充盈里走过的每一个地方，写下的每一段文字，心生的每一份触动，留下的每一场遗憾，那应该都是值得的遇见。

遇见小琴，就是素净时光里的一份触动。

蓝墨水助学会是我加入了第一个志愿者协会。我在助学会众多的助学对象里发现了小琴，她的资料很简单，一张照片，几句介绍。10岁的女孩子，无畏而又清澈明亮的眼神，白皙的皮肤，怯弱的神情，半掩在一根柱子后面。求助那一栏里，有一段让人过目不忘的文字：我想做个幸福的人。或许就是这个没有过多奢望的朴素愿望，让我在第一时间有了一个素净的时光之愿，我要给她幸福。2011年开始，我每年资助她3000元学费。前两年时间里，她会每个星期和我通一次电话，说说学习的收获，说说她下一步的目标。我也会随意地问她："你觉得自己幸福吗？"有一次她回答说："阿姨，我想见见你。"

或许因为工作太多无暇顾及，或许是决定去一个陌生的地方需要勇气，我犹豫了，但最终还是决定出发。2015年1月26日，趁着还来不及放亮的天幕，我驱车去一个离张谷英镇还有大概38公里的"最尾"村庄——金鸡村，去看望一个藏在我心里，也常常在我心里悸动，又不忍去看分明的孩子。因为找不到路，我提前联系了金鸡村的村主任，村主任听明我的来意，幽幽地叹了口气："这个孩子苦啊，她母亲两周前过世了，40岁都没 有过。"

啊，我顿时懵了。记得上周，我曾接到她的电话。电话里，她轻言细语告诉我，段考成绩不够理想，要我原谅。我宽慰她，说考试只不过是老师检测教育教学效果的方式，别太因分数为难自己，尽力了就好。我叮嘱她要好好照顾自己，生活的难只是暂时的，好好爱自己，爱身边的人就会收获幸福，她很安静地听我叨叨着，要我放心。

我苦涩地想着：一个刚刚失去妈妈的孩子，该是忍着怎样的悲痛给我这个陌生人打电话，可我竟然没有丝毫察觉。我茫然地捏着电话，久久未曾放下，脑海里浮现的是她当时蓄满泪水却强忍着不让其落下的双眼。

我怨自己太不细心，后悔对她的关爱未曾入心。或许是我把帮助他人想得过于简单，认为只要给予经济上的资助就足够了。终究，我下定决心，我要去拥抱她，亲吻她，让她在我的怀里好好哭一场。

车子颠簸了3个小时，走错路倒车折回4次，爬坡、急转弯不可胜数。下车后，我看到的是黑洞洞的屋子，不开灯看不见；黑漆漆的窗子，纸糊的不透光；黑乎乎的床铺，蚊帐是粗布的；黑黝黝的厨房，桌椅板凳都是最简单的陈设。还有看不清门锁的门板，一如黑洞般深邃幽暗。她母亲的灵位前还残存着祭拜的几炷香。她的父亲喉咙里如拉风箱，咳嗽没有休止。没有经济作物，山上的竹子和树木就是一年的收入来源。木板拼成的桌子上，有他们一天的口粮，仅仅两顿饭，且只是红薯和红薯粉。

走在其间，让人喉头发紧，头皮发麻，胸口堵得发慌。不是嫌弃，不是优越，而是有种强烈的负罪感。我们在追求优雅、精致生活的时刻，他们还在与生存做抗争。当疾病侵犯健康时，他们只能用身体做赌注，其结局不言自哀。吃口白米饭或者吃顿饺子，对他们来说都成了奢侈。那么，小琴想要的幸福，或许只是能安安静静地读书，能陪伴在父母的身边，不为吃穿发愁的温饱日子。

悲天悯人，这是一个人应该有的情怀；乐善好施，这是一个人应该有的举止；帮助他人快乐自己，这是一个人最慷慨的付出。

我为在素净时光里遇见小琴感到庆幸：庆幸自己勇敢地迈出了这一步主动去帮助他人，庆幸自己还拥有着一颗怜惜他人的心，庆幸还能在忙碌中完善卑微的自己。或许天下的疾苦多得令我们无法修补，可如果我们任何一个人都能去弥补一份缺失、纠正一个错位，那天下就都会圆满。谢谢你，小琴，你的接纳填补了我的时光空白，你的幸福将是我们同行相伴的延续。

时光素净到无言，它仅仅是在你和时光撞个满怀时心底涌起的丝丝涟漪。我在尘世里仰望时光，这应该是一种态度，里面藏着敬畏、尊重和善良；这应该还是一种心境，里面写着悲悯、淡定和沉郁。随着时光的游走，你可以循着光明的方向，你能遵从内心的需求，你可以珍惜每一段本真的色彩，你可以让自我如竹拔节般在时光里自然炫舞，不在乎他人的觉察和赞同。

（三）仰视时光

那年10月23日，在乌镇参加中国教育信息化论坛的我依然在仰望，仰望信息化论坛里弄潮儿眉飞色舞的展示，铿锵有力的推荐，与会人无不热血沸腾，这将是工作创新最好的原动力，推动“互联网＋教育”的纵深发展，时光将是最不可缺的推进器。

课后，我仰望乌镇千年的建筑和人文景致，安静的村庄，青砖铺就的街道，一条1500米长的河流淌千年，滋养两岸水上木质建筑的阁楼人家。乌篷船的橹声咿呀穿过石拱桥，叫卖馄饨的小船似乎还在闺阁楼下张望，期待从窗子里露出红酥手，放下一只小竹篮，盛上一碗热气腾腾的小吃，看摇摆悠绳回窗。桥边长廊上还残存着苏轼文墨，一人、两人、三五人在河边长椅上静谧而栖，舍不得惊扰这里早已沉睡的时光。蓝布染坊，晴耕雨读，乌镇小酒，荷香东坡肉都是静默的，幽幽透出古朴的茗香，他们用千年一面的漫步者姿态仰视时光的流逝。

乌镇被时光陶醉，进入冬眠期，时光被乌镇拽住了脚，迟迟迈不开步。

此刻我倒能领悟时光其实也会有牵绊，只是它寡言少语，不屑于分辩。人该如竹，有气度地拔节，有节律地成长，有根基地向上；人也该被时光浸染，安然如律地走过，无声无息地成熟，无知无畏地付出，无欲无怨地获取。如此，方获得沉稳厚重。但时光的颜色和步伐是由追从它的人开始决定的。

那么，让我们仰视时光，让时光在素净里开出一朵惊羡的花。

童年从老屋里跑出来

昨夜，风雨交加，雨点啪嗒啪嗒敲打着玻璃窗，宛如“风雪夜归人”长途跋涉后急促地叩响门扉，只为期待柴门里那张铺满稻草的床一般。风雨飘摇，正是好睡眠的夜，延绵的雨点载着我在梦里飘，依稀回到了童年快乐生长的地方——那红墙红瓦的乡村院落。

童年的记忆从老屋院落的一草一木、一生一灵开始，一座平房，四间房，四四方方。

那里有林立的杉树，灌木丛似的竹林，点缀着小花的河坡，种着万年青的花台，搭着木板的河流，吊着绳索的大木桩。院门口高高的芙蓉，四季都伸着长长的手臂，搭起凉棚，为台阶留下些许阴凉；厨房前矮矮的葡萄架，爬满巴掌大叶片的藤蔓，生长着我们酸酸涩涩的希望。一群满地跑的小鸡，一张常年不会换的毛主席肖像，一墙撕不完的奖状，一架老掉牙的手风琴，一个算盘，一柜子书本，还有一家童心不泯的四口人。这些是我童年记忆的全部。

那是春天，花儿相约在院落开放，院落就成了一幅读不完的山水画。有常见的凤仙花、鸡冠花、吊兰、仙人掌，也有乡下人眼中名贵的君子兰、芍药，甚至盆景。它们是妈妈费了很多心思从朋友那里讨来的，却成了我们儿时最爱摆弄的道具。我们最喜欢凤仙花长椭圆形的种子。在阳光灿烂的时候用手轻捏它的种子，它会“砰”的裂开，曲卷着身躯，露出黑幽幽的种子，大家都会小心翼翼地积攒在一个瓶子里，在雨后彩虹出现的时候，比试谁将种子扔得远些，游戏的结果就是凤仙花在各个角落去生活了，灶台，书桌，甚至房顶。高高低低、深深浅浅地放肆开放，不顾及任何人的眼光和情绪。妈妈总会在它们疯狂占领菜地时，将它们不舍地拔出。我会偷偷地摘下它们，用木棍捣成汁水，涂抹在指甲上，背着大人拿出来炫耀我的红指甲。不知不觉就变成了小伙伴追求的时尚，一个河坝上的孩子都会有着红色的手指甲和脚指甲，染着各种颜色的衣服鞋子。

葡萄架下最多的游戏，是数那些透过叶子的缝隙洒下的斑斑驳驳的不规则光点，我和弟弟你来我去地数数，往往是数得记不清的时候我们相互吹牛。弟弟说“你抓住它不动我就能数清”，我说“你抓住它不动我也能数清”。然后弟弟就左右开弓抓住葡萄架静立不动，说“姐姐你数呀，快点”。直到他坚持不了，嚷嚷好累好累的时候我还没有数清。他会怨我太笨，我会怨他太吵，害我不知道数到多少了。结局是找爸爸妈妈评理，他们相视一笑无话可说，或者是莞尔地望我一眼，看他一眼，不了了之了。

孩提没有痛苦，很快我们会重新去找新的乐趣。那几盆吊兰是我们的首选，长长的叶子会成为我扎头发的好材料，扎、盘各式各样的发型，戴上各种各样的花，直到很多翠绿叶片断了，折了，碎了，满地落英的时候，我才发现闯祸了。每每在这个时候，我会很自觉地打扫卫生，做点家务，我并不害怕妈妈会揍我，我只是在看见妈妈无比爱怜地收拾那些“残垣断壁”时那落寞的身影就会很伤心。我不想因为我而让妈妈难过，我喜欢年轻的她能够时刻微笑，好像院落里开放的凤仙花那样灿烂。

那是夏天，风儿吹到脸上就像静谧的河流流过心间。清澈的水面很平静，湛蓝的天空倒映在其间。梯田似的云层里间或有鱼儿悠闲游过，岸边的大杨树上，有蝉“知了知了”地不停鼓噪，冷不丁有翠鸟从岸边掠过，在水面激起一圈圈涟漪。浅水处有一朵嫣红的小花探出水面之上，时而有蜻蜓栖立，时而有蝴蝶停脚。夏季的中午万物都处在慵懒状态，但我却不喜欢午睡。妈妈为了让我能够好好休息，总是哄着我上竹床，抚摸我的脊背。瘦小的我太让她操心，年龄比我小一岁半的弟弟体重早已经超过了我，她不得不因为自己的担心而对我付出更多的关爱。我会假装睡着，甚至发出轻微的鼾声。直到妈妈转身进房间，我才会蹑手蹑脚地逃走。在院门外有我藏着的脸盆、薄膜、细麻绳以及中午从饭碗里剩下了抠出来的饭粒等等。先利索地把薄膜附在脸盆上用麻绳系好，用剪刀把薄膜中间剪一个圆洞，把饭粒放进去，直冲到河边，把脸盆沉到河底，把麻绳的另一头系在树桩上——用这个办法“沉鱼”。飘逸的风、清凉的水、神秘的守候，等待中我会到大杨树上找“铁牯牛”，扯着它长长的触角去挑衅它的同伴，把失败的那只“铁牯牛”塞进水里练习潜水。待小鱼儿在脸盆外转悠，看到它们进去享受美食找不到来时的路时，我就会拉动绳子，将脸盆拖回岸边。盆里那条七彩颜色、扁扁身体的小鱼鼓鼓的肚子好有意思。带着战利品风一样地跑回院子，才发现妈妈早已拿着竹条子正等着我。我全身湿漉漉的，端着脸盆，挽着裤脚，望着她傻笑，还会不动声色来句“我抓到了贪吃的小鱼，我不做贪吃的孩子”。妈妈狡黠的目光一闪，竹条子高高举起，却轻轻落下。

夜晚，杉树林里摆上竹床，我和弟弟一人一头，守着各自的领地相安无事。爸爸妈妈一人一把蒲扇，赶蚊子，扇扇风。繁星满天的时候，院子里会飘出歌声，爸爸的声音浑厚，妈妈的声音清脆，一曲《卖货郎》，两人演绎得格外悦耳。爸爸说音乐可以给人很多东西，可以多听听、多唱唱，但那时的我不喜欢那样咿咿呀呀的腔调，教了好多次无结果之后，便无后文了。乡村经常停电，燥热的时刻，爸爸大声叫“哦豁”，我们跟着叫，说是这样会让风吹进院子来。实在挡不住我们的哀求了，爸爸会带我们去河边逮萤火虫，准备一个塑料袋，丝瓜藤上喇叭状的花朵是最佳地点。抓回来系在挂着蚊帐的小床上，萤火虫一闪一闪的光亮，让我找到很多意想不到的乐趣。睡不着的时候，用脚踢，用扇子拍，用头撞，还会对着萤火虫傻傻地说点什么——譬如我不喜欢谁了，我要给蚊子戴口罩、要给猫猫染指甲等想法。那时我最看不起弟弟，那小不点一天到晚跟着我屁颠屁颠的，什么都不懂，我烦着他呢。要不是爸爸妈妈老教育我，我才不想和他一起玩，所以宁愿和萤火虫说话也不愿意和他说。可他并不计较我的态度，总是“姐姐、姐姐”地叫个不停。直到那天，在夜幕的掩映下，弟弟失踪了，我才知道我并不能没有他。始作俑者是我。他要玩捉迷藏，我讨厌这样低智商的游戏，缠着没有办法了我告诉他，你藏好了我来找。因为我的不在意，一直不去找。兴许是太疲惫，天真的弟弟在躲了很久以后没有人找竟然睡着了。一家人呼天喊地地找人，河里、沟里都找遍了，可他都没有被吵醒。妈妈哭了，六神无主，用责备的眼神望着我，说你好好想想，之前你们在玩什么？好好想想呀！具体情况怎样我记不清楚了，但是我能够记得那时的我好慌好慌，我甚至在葡萄架下向牛郎织女许愿，把弟弟弄回来吧，我会做好桥让你们见面的，我不再偷听你们的悄悄话了。弟弟睡醒了，自己走出来了，妈妈破天荒地抱着我和弟弟失声痛哭，一句话也没有说。爸爸摸着我的头说："你们俩，可真是冤家呀！"

老屋，不再停留在我的梦里，它一直在我心里，尽管不到8岁我就随着父母的工作调动离开了，但让我魂牵梦绕的那片土地给了我太多太多。

旅者细语——善良是看得见的

人如纤尘，风尘仆仆于浩渺世界，悬浮而活，微小密集地攒动在每一寸空气里。

对于辗转在异地他乡车站的旅人而言，遇见的每一张面孔，好似故友又如新知，认识又好像不认识；看见每一处美景，听见的每一种语言，都如一幕华彩视频，光和影闪耀而过，短而惊叹，却似一阵风，来不及储存记忆，就倏地躲在身后了。

仅仅是过客，路过了就过去了，过客一念心存的就是淡定错过，不会有遗憾之叹。

我是在一个雾霾初起的日子里，重新审视在车站里穿梭的旅者的心灵定位的。

晚饭时候几个同学决定明天去天津，大家迅速买好了往返车票，我在购买车票时，系统总提示交易不成功。无奈之下，我决定明天和大家一起出行，先用身份证上车，然后再补票。无奈，如意算盘在进站那一刻被一个斯文秀气的工作人员生生摔碎，“现在都凭票进站，没有票不能进去”。大伙儿事先准备的一堆说辞还没来得及施展就被堵住了嘴。情急之下，我对已经进站的同学说：“我去买票，买时间最接近的，你们在天津等我。”随即，他们进站上车，我火急火燎折回买票，心中莫名升起一股急躁，高跟鞋的“蹬蹬”颤音催促我极速再极速，分分秒秒都有会被抛弃的担忧。

当时，车站买票的人很多，自动售票机前的队伍前不见头，后不见尾。我在队伍里左顾右盼，巴望着前面的人动作迅速点，可脖子都望酸了，队伍还一动不动。前头一个抱孩子的大嫂，似乎遇到了什么麻烦，在机器前捣鼓了好一阵子，直到后面的人有些骚动，嘟嘟囔囔埋怨时，大嫂才怯怯地退了出来，对着人群躬腰点头。再吃力地用手臂往上抱了抱孩子，一边避开人群中的行李，一边小心翼翼地用余光瞟着每个人的脸。她的脚尖在我跟前停了下来，却没有发出任何声音，我目光里的狐疑让眼前这个陌生人愈发局促不安，她目光忽上忽下，几欲张嘴又咽下去了。

“您有什么事吗？”我忍不住问她，估计她是遇到什么麻烦了。

“可以帮我个忙不，我不会买票。”她动了动嘴角，声若细丝。

我未加思索：“可以，可以的。来，把身份证给我，我先给你买。”

她的生涩马上变为笑容，伴随着一大堆感激的话语：“我就知道你是好人。这个阿姨真是好人，我一看就知道。”她一边递给我身份证和银行卡，一边跟怀里的娃娃说话。

我回头看了一眼跟在身后的娘儿俩，心里有股说不出的滋味，便顺手接过了不堪重负的母亲手里的娃娃。

帮她们买好去福州的车票，送她们到28号检票口，我回到候车区，回味起大姐那句，我一看就知道是好人的果断之言，不觉用手机屏幕当镜子端详下自己，确实长得不坏。难道善良真的是看得见的？相由心生之说给我的笃定似乎还不够扎实。

刚刚回过神来，两位貌似夫妻的古稀老人来到我眼前。

“姑娘，你手机借我打个电话，成吗？”大妈嗓门很大地对我请求着。“我们去天津，手机没有电了，要通知侄子来接。”随后大爷也帮腔。候车区很多人都被这声音吸引着抬起头，目光齐刷刷看着我。我倒是有些懵了，傻傻地望着老太太，伸手把手机递到她面前。

大妈又说：“姑娘，我一看就知道你是好人。”

“老爷子，你看，前面请人家帮忙，大家都不搭理我们，你看这姑娘，人多善良呀！”

大爷说：“我们不是看了好几个地方，才找着这么一个面善的人吗，一看就是好人。”

我倒是被弄得不好意思了，红着脸冒出句：“碰见谁都是缘分，是运气，您别客气。”

电话打通了，那边的亲人正焦躁不安，说这七八十岁的人，突然联系不上了，多着急呀。一连串的谢谢通过手机听筒送到我耳畔时，我瞬间有股被人需要的踏实，有种被陌生人信任的感激，有份可以随时援手他人的欣慰，有张让人看得见善良的脸的自豪。

当人与人的交往隔着一堵厚墙时，善良可以推倒一切，无往不胜。旅者的旅途匆忙，辗转者的行色匆匆，不再是可有可无的错过，那将是善良者一路积淀的伊甸园。

生命中的微笑

每当我为求安逸找借口的时候，眼前总浮现一张张笑脸，越久越分明。

那是我的母亲，她把外婆留给“幺姑”唯一的首饰卖了，换来了一套“民师内招”的辅导资料。她顶着艳阳把一摞书籍送到身为民办教师的父亲面前，父亲立在书桌前怔了怔，怯怯地接过书本抱在胸前，激动得一句话也说不出来。母亲擦着汗珠灿烂地笑，高兴地说：“当老师，蛮好！”她把对教师职业的“喜爱”和“尊重”融进笑脸里，全力付出，不问缘由。

那是我的同学，永州楠市镇的盘晓红老师，第一次见她是在省“师德讲坛”培训班上。作为分享者，她站在台上暖盈盈地笑，笑眯眯的眼睛里闪烁着真挚的光。与她的视线相接，我感受不到丝毫的不自然，陌生人心中的坚冰瞬间融化。就是这张笑脸，翻山越岭走入深山，让无依无靠的孤儿、无人照管的留守儿童、行为不正难以教化的孩子，都认了她做妈妈。她把孩子们接到家里，细心照顾，悉心教育，十几年如一日，让孩子们各有其成。这就是我们最底层的教师，以自我的萤火之光，把人性的“善良”和师者的“唤醒”

之责融进笑容里，付诸行动中。

那是我的同事，一个善解人意的女孩，圆圆的脸，水嫩的皮肤，漾起笑意时格外可爱。在新华垸溃堤，300 多受灾群众涌进安置室寻求帮助时，她用甜甜的笑脸接待每一个人。信息登记、生活用品、床铺被褥，事无巨细，一一妥帖。有人反复咨询她笑着回答，有人抱怨她笑着解释，工作时间太长她嗓子哑了依旧笑着比画……望着她的笑脸，大家的焦躁平复了很多。她的笑里，融入了年轻人“自信”，融进了教师的“素养”，融入了成熟人的“阳光心态”。

这些笑意，从众人灵魂处伸展，篆刻在我的生命印记里，如春风般不断荡涤着我的怠惰，浸润丰满着我的心灵，充盈着永不消歇的暖意，鼓舞着我一直向前。

（该文发表于《华容教育》，2017 年 1—2 月）

在怜爱中好好活

第一时刻就记住了她，主要是因为她的个子高挑得有些令人羡慕，在人群中出众得一眼就能看见；再加上口音差别，让我忍不住多看几眼。脑海里很快就留下了这个异乡应聘到这里工作的女孩子的印象，外表瘦弱纤细，文静端庄，还有一个很秀气的名字——文文。因为是“异乡”人，因为同是女性，我心中对她陡添了几分怜爱。

其实我错了，她的“文文”并不是“弱弱”。

她的简单与坚定，在工作中显露无遗。

她的淡定与坚强，在生活中一览无余。

记忆中的第一次交流是她生日，当我从同事口中知道的时候，我已经在赴另外一个朋友的生日宴会了。我清楚地知道此刻她是多么需要有人在她身边闹腾，仅仅只是为了升腾生日的人气，好让她没有时间空隙去思念远在千里的亲人。但再美好的想法终究已经很难实现了，我不无遗憾地给她发了条信息，她回信说：“我会好好的。”那一刻，我的怜爱再一次在心底回旋。

眼前浮现的总是她到周末时孤零零的身影，还有她站立在操场上、教室里、讲台上的笔直的背影。但我能够为她做的微乎其微，仅仅只是心里那份虚无缥缈的祝福。

很多次开口邀她周末去家里玩，甚至想过让她帮我带带孩子，不想她在大家都团圆的时候如此孤单，她笑，说有事情，我总归是不能勉强。

很多次也想给她牵红线，希望她早日在他乡有个温馨的家。她也只是笑，说等等。

每次上楼，看见她狭小的房间，我就会心头一酸，想着和她换个房间，想让她长久待的地方能够宽敞舒适，但终究都没有实现。

我把这一切都小心翼翼藏在心里，我担心她会看穿我的怜爱，害怕她会拒绝我想做的任何举动。我知道，她不需要同情。

记得确定 2009 届毕业班班主任时，考虑到她每次放假开学都要请假的特殊情况，我提出让她接任初一班主任。结果，原本的好意却让她伤心至极。她说，我可以做好，为何不信任她。她的眼泪让我明白，再难再累也无法改变她文弱的外表下那颗热爱工作的心。其实，没有任何人怀疑她的能力，她有热情，善于和学生沟通；她有方法，容易被学生接受；她有敬业心，所带班级班风学风总有不一般的惊喜。

2011 届她成功晋升为毕业班班主任。在学校朗诵比赛时，她选择信任一个“不成器”的学生，确定他为领诵，结果这个孩子失误了，在比赛中忘记了词，但是她选择了原谅。这个事件让我对她有了更深层次的认识，她不仅有师者的爱心，更有育人的智慧和高超的教育思想。她的容人之心，信人之心，大胆的举动是很多老师不敢比的，让我心生钦佩。

当众望所归的县级“优秀班主任”被她拥入怀中时，她却不好意思地笑了。看着她谦虚沉静地站在那里，心头的怜爱再一次荡起涟漪，这种怜爱并不是同情，而是在她生性善良、诚恳做人的感召下，对“坚守教育净土”的阳光女孩的另一种敬佩。我想，就是这些让她把优秀变成了一种习惯，让她的生活也踏进了一条宁静而阳光斑斓的绿荫路。

就这样，看着她谈恋爱又恢复单身，看着她和学生打打闹闹，看着她在工作中一步步成熟，时间在眨眼间流走了。时光流逝的快乐并不能治愈岁月留下的伤痕，我还是为她的现状担忧，她不选择在异乡安家，但总该多点时间去为个人问题打算打算。昨晚，她第一次很正式地和我交流，她说要停薪留职，这是面对在异乡的现状最无奈的选择。躺在床上，难以入眠，对女人而言，婚姻是很重要的，事业也是很重要的，她将如何在这两者间做最好的权衡呢？面对她的焦虑，我却无能为力，人总是在真心想做点什么的时候，才感觉到“力不从心”，这是多么痛苦的事情。

今晚，仍然是雨天，老毛病折磨着我，寝食难安，选择在房间里读书来忘却伤痛成了我一直以来的习惯。她敲门，说给我煮了一碗面，还有一些水果，让我赶紧吃点。简短的几句话，含笑的眼神竟然让我不知所措，我脱口而出，你这孩子呀！我想她并不明白我刹那间的感受，此刻我就是她关爱着的一个学生，在她朴实的温暖中融化，她把我对她的怜爱用实际行动给予了我；她或许不知道在这里，我和她一样都是坚定的守望者，放弃了很多原本属于我的欢愉，只为了良知和责任，只为了心中那份热爱而长久的坚持。

文文，谢谢你！

在彼此的怜爱中，我们都好好活。

生命中的那些哀愁

美都是散发着淡淡的哀愁。

——沈从文

“爱与哀愁对我来说像杯烈酒，美丽却难以承受。”童安格沉稳幽邃的男中音在耳边低回盘桓，我的心猛地悸动了一下。他特有哑亮的嗓音如一把精致的左轮手枪，躲在一个不起眼的角落用一颗灵巧的子弹瞬间穿透了你的心，你在刹那感觉被击中的疼痛时，却想要牢牢握住那颗侵略的子弹。这种获得是疼痛的，亦是自然和甘愿的。烈酒和哀愁，因为这般的心甘情愿，竟也美丽了。正如沈从文所说，美都是散发着淡淡的哀愁。

世界上有三样东西于人类最重要：信、望、爱。诠释它最好的方式就是经历。从年幼到成年，直至老去，那条洒遍落叶的人生历程里闪耀着斑驳的记忆，不连贯的记忆里却清醒地挥散着每种哀愁的味道。

年轻的母亲，第一次只身去邻县为家里的小卖部批发货物，出发前，细心地整理自行车后座那根绑带，时不时用眼角瞟瞟埋头读书的父亲，父亲沉浸在自己的书本里，没有察觉。“那我走了”，母亲推车转身出门，再一次回头望了父亲一眼，抿嘴上车。等父亲缓过神来追出门去，只剩一个背影，在用力蹬车。

“注意安全，早点回来。”父亲喃喃自语。

经营小杂货铺的妻子，熬夜苦读以期民办教师转正的丈夫，他们都在铆足了劲儿为这个家拼搏着、奋斗着，他们彼此扶持。互相支撑，面对一个又一个难关，好多年。即便家徒四壁，他们相视而笑，相背愁思笼罩。

那一刻，哀愁的滋味是甜蜜。

老家有一个长满杉树的小山坳，亭亭如华盖的树荫下是孩子的乐园。那里一直住着对年迈的夫妻，满头银发常年一丝不苟地用头巾包着，他们穿麻布衣裳，吃粗茶淡饭。老夫妻很特别，总能变戏法似的拿出各种罕见的零食招呼我们，有时还会选择最乖巧的孩子留在家里吃饭睡觉，一个扎羊角辫的女娃娃——我，经常受此优待。老婆婆用花花绿绿的丝线帮女孩子扎头发，还会把筷子削细为我们编织好看的花毛线鞋。记忆中最深刻的是简陋的大门上方挂着的牌匾——“军属光荣”，朱红的色彩赫然夺目，那枚闪闪发光的五角星让全村子人倍感光荣。看着一群撒娇调皮的娃娃，老夫妻褶皱成菊花般的四眸相视良久，望向远方……

那一刻，哀愁的滋味是欣慰。

若干年后，那个被宠的女娃娃参加了工作。在周末无课的时候，校园寂静无声，她喜欢独自坐到当年的教室里，翻翻抽屉，看看笔记，另外还默默地在守候什么，等待什么。后来摸清楚了他去球场、去阅览室的路径；然后望见他如风般地飘过窗子，他身上的色彩便定格在她的瞳仁里；再后来听见那个名字就精神振奋，胡觑那个背影都会很满足。情窦初开的年龄里，这一切都如晨烟般丝丝缕缕，如水莲般娇羞。

那一刻，哀愁的滋味是怀思。

古稀之年，既是父亲，又是儿子。每个晨曦日落、月淡星疏之时，他颤悠悠搬把矮凳子坐在老父亲的床前，慢悠悠说起儿时的往事，你扛我在肩上去走亲戚，用鞭子抽打我去学木工，你把一块肥肉藏在棉衣里带回来给我吃，你想尝尝矿泉水的愿望。老父亲瘫痪多年不能动弹。他只能用眼神知会儿子：这个絮絮叨叨的老儿子。一滴清泪溢出眼角，儿子伸出枯树般的手轻轻拭去。

爸，这辈子我们是父子，下辈子还是父子，我会继续像这样照顾您。他也病痛多年，身体瘦弱不堪，不知自己是否会先于老父亲而去，想到这儿，他禁不住老泪潸然。

那一刻，哀愁的滋味还是绵绵的记挂。

一个人，走在岁月中，邂逅了一片的落叶，适遇一轮晓月，相逢一位挚友……无论这是命运的必然还是命运的偶然，在苍苍茫茫的生命森林里，每天都在演绎着缤纷的“爱和哀愁”的故事，这难道不就是大千世界中的明亮色彩吗？

伫立村口，蓦然回首，那些铭刻在心灵深处的爱与哀愁，在低头的凝眸里，含泪浅笑……

（该文发表于《华容教育》）

在春天里成长

我是在微凉的细雨里触摸到尘埃的细腻，雾凇般环绕在周身的湿润，给迷离的双眼里添满了攒动着的新生命；

我是在绿芽鼓起腮帮竭力摇摆柳条时倾听到季节的敲门之声的，每片嫩叶咧嘴时的那声脆响，解放了手套、围脖，在紧绷的身躯里点燃了几盏灯，肌体的灵动如水母般处处蹁跹招摇。

深冬的严寒无法牵绊暖阳的脚步，生命的脆弱无法阻止岁月的流转。在春天的泥土里发芽的不仅仅是种子，无数颗沉寂过的心也在泥土里打着冷战；冬天的被窝，再也盖不住舒展的姿态……似乎一眨眼，我们都在一个季节里长大了，年轮的颜色中自然如昔地刻画出了活着的又一圈。偶尔一转身，我们踩着不变的步伐在季节里更替生命状态，代谢了一些，蓬勃了一些，新生了一些。原始的生命，是种无意识的生长，就在春天里，肆意而毫不矫情地长大，疯狂而毫无遮掩地长成。

春的温软是追梦人翅膀的苏醒，带着希望向着远方。

春风执拗地推开家门，长着翅膀的人群又一次坐上春天的列车，走出村庄，走出亲人和故乡的视线。行囊里塞着满当当的叮嘱和允诺，一幢新楼房，一副金首饰，一辆自行车，一架遥控车……在漫长的路途中、在异乡的炉灶前细细咀嚼，家的渴望总会让身体里消竭的力量瞬间胀满。出走的春天，是美好的起始。门外是无限的憧憬，门里有永恒的温馨，门外是春天的开始，门里带回的是世界的全部。

春的和煦，万物都是喜悦的。

草坪上一对守候生命的准父母，她水嫩的脸上泛着婴儿般的红润，他唇边留着毛茸茸还没来得及浓密的胡须，他们在绿树与微风的剪影里促膝而坐，带笑凝望，尘世在他们脉脉的明眸里，纯粹得没有一丝杂质。浮云在头顶轻悠悠飘过，腹中孕育的小生命喜盈盈地生长，长在你不需言语的幸福里。

春的悠然，让生命动则生，静则乐。

“春水碧于天，画船听雨眠。”雨也怡然，风也缱绻。护城河边如棋盘般散落着三两悠然享受生命的老者，红颜鹤发，身形矫健，精神矍铄。一本书，一顶遮阳帽，一个红袖章，如一株常青树站定一隅绽露芳华。曾经“有约不来过夜半，闲敲棋子落灯花”的畅快又怎能殆尽？透过老花镜看到的世界里，什么都是和善的。路人匆忙地擦肩而过，痛惜的笑意在眼梢；孩子调皮地叫嚣而来，疼爱在嘴角。刚冒尖尖的小草，飘落的风筝，飞落的纸屑，走失的小猫小狗，都是他们生命里何其重要的一分子。阳光散落的那刻，伛偻身体却挺拔静立，凝睇那烂漫的春意，依稀往日激情飞扬的模样。长大太慢，老去太快，就让生如夏花般灿烂，他们的今天就是生命——是唯一能确知的春天。

春的喧闹，是为孤独者开出的一剂良药。落单的人天生脆弱而敏锐，郁结的情绪纠结于心难以打理。感叹岁月的暗淡，沉沦旧事的团圆，躲在自己的世界里睁着惊恐的双眼小心翼翼地观望。绿的诱惑，雨的柔情，风的温柔，花的娇羞，暗香疏影里，长满青苔的秋千该是整理情愫的最好去处。乍暖还寒的季节里，最适合换种心境，从孤寂的单人舞到选择一支奔放的华尔兹，牵着手欢笑着旋转，从过去到未来，卸下搁浅的过往，回归明媚。站在成长的路口，脚步何须再犹豫，只要方寸挪步就能成为春天的一道风景线。我们就应该活在自己的春天里。

成长是生命最重要的信条，春天奔涌的生命节律和成长脉动，属于我们每一个人。怀揣希望，笑对生活；眼底，尽是春色。

春之深处

牵一缕晚风,捧一丝细雨,拈一株桃枝,蕴一池湖水,云立在春的山头张望。那“草色遥看近却无”的羞怯眨眼间被蓬勃的生命力掩盖，在春的尽头遥望，遥望那春色渐浓的春之深处。

春之深处在朦胧清新的雨里。最寻常的是雨，淅淅沥沥，稀稀疏疏三两天的绵延，湿了沉睡的田园，润了咧嘴的幼苗，催开播种人心头那个花骨朵，一点一点绽放在爬满皱纹的脸上。迷离的眼中总会出现穿着雨衣的七八个身影，有挑着担子在田垄里穿梭的，“加油呀，干完了喝酒去哟！”时长时短的吆喝声，畅快地喊出劳动的喜悦；有牵着老牛在田间漫步的，撑着雨伞的小黑点，身后跟着一个更大的黑点点或者黄点点，一前一后，一高一矮，镶嵌在雨的幕布里。细雨温柔地抚摸着老牛的弯月大角，爱怜地梳洗着老牛卷曲的鬃毛，牛的背脊上有道深深的伤痕，分外扎眼。雨滴舔舐着老牛的背脊，一遍又一遍，牛毛上的雨线成了绿芽们的跳绳。歇息了一个冬的老牛在雨中静立，侧目沉吟颇久，仿佛也在揣摩呈献给春的诗句。牛、人、春苗、雨线都定格在这幅江南的水墨画里。

几个穿着蓑衣的牧牛汉子从腰里抽出一壶酒，“这雨来得及时呀！老哥，来，喝一杯！”“随风潜入夜，润物细无声。”春夜的喜雨，洒落在田垄上，醉了多少庄稼人。入夜，万籁俱寂，只听见千山万壑在细雨中呢喃。是什么让这些细雨千里迢迢赶来？是渴盼与春的相约，是渴望冬春的水乳交融，才会如此马不停蹄地昼夜淅沥。悄然伸展的叶片，沟渠边日益丰满的矮小灌木张开手臂，“沙沙沙”地奏响了第一首原创的曲儿，和着年岁不同的花香流淌在新翻的泥土里。

春之深处在生命肆意的田野里。蓝帐篷绿地毯的田垄,各色小花点缀其间,巧夺天工地织成了一条大围巾,环绕在天地的脖颈上。田垄里的麦苗抽穗了,溪涧小泉奏乐鸣歌，五月的风唱起山歌，麦秆和着节拍明晃晃地咿咿呀呀，拔节声乐坏了梦中的嫔驰。

不谙世事的孩子在田垄里嬉戏玩乐，捉蚱蜢，逮蛐蛐，抓鳝鱼；抑或采一束野花，扎个花环，戴在头上；累了躺在田埂上，看小人书，玩机器人，玩三国杀（一种游戏），渴了只要张开嘴用舌尖舔舔，就能喝到巴掌大的叶片上来不及逃跑的露珠。一旁会有人问“好喝吗？”“甜得很呢，还有青菜味！”说完，只听见一阵恣意的哈哈大笑。田垄里辛勤劳动的父母，腰酸背痛的时刻，三五成群的孩子朝身边疯跑而来，全身的疲倦立马消失得无影无踪。父母们摘下草帽捋捋头发，望着自家孩子的背影傻傻痴笑，一两分钟的喘气，却似在瞬间注入无限魔力，又忙着低头劳动，对生活的满足在那一刻得到了最好的诠释。

阳光下的草帽是多彩的，或尖或平或拱，或黄布或帆布或草编，每一顶帽子都是一个人的象征，都会被主人拾掇得干干净净。帽檐一根红绳，一个蝴蝶结，一根小飘带都显得异常美丽。每一顶帽子都浸透他们的汗水，每一顶帽子都在述说着对家人的爱，对幸福生活的向往。帽子在头上，我在努力；帽子在案头，我在憧憬。春之深处一直在他们描绘的田野里田垄上，禾苗在生长，希望在生长，幸福也在滋长。

春日的黄昏，漫步在校园那条被樟树掩映的跑道，婆娑的树影下，蓝白相间的地面显得明亮璀璨。春的执意让葡萄藤绽放最后一抹绿，绕着树干划着弧线，一圈又一圈地飞舞；每一片落叶在微风中唱着依恋的歌，从树梢盘旋到树根，静谧地躺在大树的脚下，一片，一片，又一片，义无反顾地奔赴，是对春的不舍，更是对家园的深爱。孩子们在樟树下进行乒乓球比赛，震耳欲聋的呼喊声把沉睡的落叶惊醒，他们借着清风探出了头，孩子们全身上下汗流如注，头上、手臂上、衣服上都沾满落叶，接发球忽闪疾飞的身形，落叶跟着孩子们的身影上下起舞。一群余闲散步的同事，飘飘的衣袂，爽朗地开怀大笑，我嗅到了一股气息，幸福知足；那轻快的脚步，我看到了一种生机，健康快乐。这一群奔波于三尺讲台的先生们，此时正如那排樟树树头的绿叶，有的正恣意吐蕊，有的即将完成使命，都是那样满足快乐。“落红不是无情物，化作春泥更护花。”他们就像这满世界的绿已经把自己的使命和价值深深印在了这个季节里，还有什么惘然和遗憾呢?

春之深处就在涌动的人群里，灵动的学习里，平凡诗意的生活里。

读书是一种美德

读书,是一种美德,我深信它,就像我坚信牛顿的万有引力一样执着。阅读,就像老家发酵一冬的粪堆，就像酝酿五百年的陈酒，过程是孕育，是等待，是培植，是窖藏。

我曾经自满于因爱好文学而阅览的许多经典美文，能背诵上千首诗词；我也曾经满足于自己教书育人所学习过的教育专著，能轻松流畅地说出许多种理论。我认为自己已经有了足够的资本来应付生活中的交流，来对付工作中的挑战。我甚至沾沾自喜，认为自己非常博学了，拥有很多人不曾有的思想和言论。我也一直固执地认为，只有素质和修养才是一种美德，我似乎都有了。

直到有一天，在和学生的课堂交流中，我发现自诩骄傲的语言思维变得迟钝了，除了滔滔不绝说讲解答题的思路和方法，我竟然再也找不到和学生共同的话题。直到有一天，在和孩子的游戏中，我不能运用自己的强项为她生动地讲故事了，因为脱离了故事书，我就出现结巴、词不达意的现象。直到有一天，我发现自己在与同事交流时说话都变得困难了，因为我害怕开口就是病句。

原来，知识是会折旧的，一日不学习，你所拥有的知识就会折旧 80%。长此以往，我们曾经拥有的知识都归为零，变成一张白纸。所以，我感到后怕，怕得有些好笑。作为教师，先进文化的传播人，精神世界的引路群体，文明的传承者，竟然也会在知识世界迷失了自己。为了让自己不会打为“折旧品”，不会成为悲哀者。我想,把读书当作一种美德来约束完善自己就再恰当不过了。

特级教师窦桂梅说：“激情不懒，读书一生。”宁静致远，在浮躁的现实中寻找心灵净土，正是她的阅读坚持，成就了她不到 40 岁就是全国特级教师，清华大学附属小学校长的辉煌。

苏联教育家苏霍姆林斯基，把工作当作学问来做，把事业当作享受。我国教育家陶行知，倡导“行以求知知更行”的思想，只有学习了才能明白事理，明白了事理，才能做得更好。也正是这种不满足、不懈怠的读书学习精神，让他们成就大业。读书，就是读他人，读自己，读人生，读社会，读历史，读自然。一个人读书的时候，他的瞳仁最清澈，心灵最宁静，思想最活跃，天地最广阔。

笔随心动，心源书起。

我最喜欢的是带着笔记本阅读。我享受一边阅读一边选择自己喜欢的部分记录下来，或者读到精彩语段时，情不自禁地大声吟诵，或者即刻把此时的感悟和想法付诸笔尖。不管在什么时候，也不管是什么现状，我都喜欢捧一本书独处一隅，沉浸在书籍中人物的故事情节里，沉浸在书籍的思想里，或哭或笑，或阴暗或阳光。

书籍是你随时相知的"伴侣"。人生旅途，不会寂寞。

一个人去北京，熙熙攘攘的人群中找不到一个熟悉的身影，冷漠的面孔，擦肩而过的余风，留给我想望又不敢回头的恐惧，突然觉得好孤寂好无助。还好，带着几本书。一本书，一个笔记本，一份平静的心情，让我在首都的胸怀里恬然入眠。

读完《君生我未生，我生君已老》之后，文中坦诚世间的真情和关爱普遍存在，只是人们没有用心去感受。吝啬对他人友好地笑，害怕受到伤害的心情，致使人们失去了拥抱温情的机遇。紧紧地抱着这本书，我走进了京城茫茫的人海，街头巷尾都显得那样耀眼和明亮，我对路边的陌生人点头微笑，心中释怀而浪漫，北京之行也格外的轻松、愉悦。

读一本好书，等于经历了一次好的人生。

读一本好书，等于走过了一段不平凡的路。

读一本好书，等于结交了一个好的朋友。

读一本好书，等于体验了一次生与死的考验。

读书，不会孤独，你会感觉有很多智者和你站在一起。这些都是读书带来的财富，是一般人不能拥有的底蕴。读书，是一种美德。

读书，也许只是生活的一小部分内容，却能成为生命的重要章回。书籍承载过去，展示未来，让每一位热爱它的人都会收获良多，正如美国女诗人狄金森那不朽的诗句所道：

没有一艘船能像一本书
也没有一匹骏马
能像一页跳跃着的诗行那样
把人带往远方

读书是一种优秀的生活习惯，读书是一种优雅的美德，从书籍中吸取营养，你所认为的正直、勤奋、坚忍、感激、谦逊、公正、智慧等，都会在静静的阅读中悄悄引领你的思想，培养你的优雅气质，练就你的独特气场，成为你屹立天地的巨大气力。

（该文发表于《华容教育》）

妈妈来送药

妈妈第二次送药来了。

从受灾群众安置的第一天开始，她就不断电话要求到我身边来帮忙，比如打扫卫生，做饭什么的。我以志愿者多为由拒绝了。从第五天开始，我的身体出现不适，恰逢中医院几位教授下乡为灾民义诊，我也有机会请专家拿脉问诊，开出了十剂中药，嘱我慢慢调理。安置工作第七天，在县防汛救灾指挥部开会时，接到妈妈电话，说到了我校门卫室，想见见我。突然想到在我办公室躺了两天的处方笺，就让在校的同事转交给她，开玩笑说这个捡药熬药的光荣任务由您和爸爸去完成。她说，“好，这个我做得好，你放心。”同事告诉我，接完电话妈妈先是愣了半晌，然后一言不发，只抹眼泪，拿了处方笺匆匆走了。

第一次送药到校，我正在发放安置人员的餐票，她远远望着我身边围着一堆人，把药放门卫室就走了，等我拿到中药瓶时已经到了晚上。

今天妈妈很早就送药来了，她打电话说，昨天问了保安，我在早餐后这段时间最可能有空闲，想看看我。我到门卫室，妈妈已经抱着中药瓶朝着我奔跑的方向张望了。一双湿漉漉的鞋子在滴水，一头湿漉漉的花白头发在滴水，一双湿漉漉的眼睛望着我，布着一些红血丝。不等我走近，妈妈就说："我和你爸知道你责任大，不会拖你后腿。你好好照顾这些人，他们不容易，需要你。你自己要注意身体，看你没日没夜的，我们心里痛呢！"

妈妈的声音几欲哽咽，我却一句话也说不出。

"你的处方笺我和你爸去医院咨询了，主要是没有休息好，造成中气不足、脾肾两虚、低血压、抵抗力差。胃痛、头晕、皮肤过敏都是这个原因。你不要那么拼命，要偷着休息下。"

我还没来得及说上一句话，一句"我走了，不要担心我们"，妈妈已经迈开了步子。但她马上又转过头，轻轻问："想吃什么吗？"我点点头，又摇摇头。我知道她如此迅速的举动，是不想在我面前掉眼泪。她不愿给我说话的机会，她想让我用沉默来替代无数次安慰他们的无力语言。

这就是我坚强又温柔的母亲，以一种强悍如野草覆原野的气势，带给我温软如春风拂面的安慰。我始终没有落泪，因为幸福不需要眼泪。

走在春天边缘的爸爸（一）

手机来电显示是家里的号码，我心里一震，迫不及待地接听，爸爸在电话那头说药已经熬好，是不是要送过来?

爸爸从来不主动给我电话，他的一切都是通过妈妈过滤给我的，他告诉妈不要无事打扰孩子，不要成为孩子的负担。

今天他竟然亲自打电话，是我太让他担心了吧，眼前依稀浮现出爸爸那张慈爱的脸，担忧怜爱的神情，眼巴巴地望着这个让他放心不下的孩子。酸涩从心海冒出来，不断抚过心房那根亲情的弦，温情的琴音让握手机的手颤抖起来。爸爸，让我心疼的爸爸，你让我懂得照顾好了自己就是照顾好了他人——关心你的人只是想知道你过得好不好。

爸爸是20世纪50年代初出生的，兄弟姐妹7人，5男2女，他排行老幺，最小的孩子总能受着父辈的宠爱、兄长的保护，所以年少的他是很幸福的。爷爷奶奶不仅不让他下地做农活，还不惜重金送他读书。当时的爸爸，在同龄人羡慕的目光中踏进了学堂，半工半读的学习生活让他原本瘦弱的身躯更加弱不禁风。但是爸爸很争气，无论是读书成绩，还是劳动表现都让人无可挑剔。14岁那年代表乡里去北京见毛主席，他在天安门广场被上万人拥挤着，老远老远地，亲眼见到了伟大领袖毛泽东，并且获赠了一枚毛主席纪念章。回乡后，队里的人都争着来看爸爸带回来的珍贵礼物，邻近几个队的乡亲们也大老远赶过来看上一看，对他的羡慕和称赞蜂拥而至，说这个孩子不错，见到毛主席了呢，以后肯定有出息！每次回忆这段历史，爸爸都会带着笑，用手反复摩挲着那一枚珍贵的胸章，这是他最值得骄傲的回忆。

后来，“文化大革命”爆发，爸爸高中没有读完，赋闲在家。正好村里学校缺老师，大队支书自然就想到了他，如此，不到18岁的爸爸就走上了“教书匠”之路。他从没有想过要做教师，但一踏上这条路就走了一辈子。爸爸第一次去学校上课，身着白衬衫、蓝裤子、帆布鞋，焕发着青春气息的脸，纯真无邪的笑容，点亮了好多双眼睛，也燃起了许多读书人的梦想。他是高中生，水平高，让人信；他为人善良，外表帅气，让人服。几年的时间，爸爸由代课老师变成了有编制的民办教师。由于业绩突出，工作能力强，被任命为校长。这一干，就是18年。他辗转乡里5个学校做校长，风里雨里从没有怨言。1995年他再一次得到了重生，有机会转正成公办教师，这可是他梦寐以求的。记得我在为报考师范还是选择读高中犹豫不决时，爸爸对我说："还是考师范吧，你爸和你妈我们做了近20年老师都还只是民办，你只要进行一次考试就能够成为国家老师了，多好呀！多骄傲呀！国家干部呢！"一边说，一边用手拍拍我的肩膀，然后转身而去，那个的背影，留给我无尽的决心，似乎我就是爸爸心中的隐痛，就是他的希望，他那个愿望，只有靠我去实现了。最终我走进了师范的大门，选择他所钟爱的事业，他总会在老师面前不由自主流露出无比自豪的神情："你看，我家燕子是国家老师了，我们要成为教育世家了。"记得爸爸转正的那个暑假，我回家，他拉着我坐到桌边说："孩子，来，我们举杯，我们都是国家老师了，要相互学习，凭着良心做好工作，我们家能有今天，不愁吃穿，不用下地种田，都是毛主席、共产党造的福呀！记住，对工作不能马虎半点呀！否则，我会为你感到愧疚的。"从那以后，我再没有动摇过要做一名优秀教师的梦想，无论在哪里工作，爸爸总用一颗教育人的责任心鞭策着我，用一双期待的目光灼烧着我，只能前进，不能停步。

工作的世界里，爸爸用男人的坚韧和对事业的忠诚挑起了乡村教育的一片天空，付出了无尽的辛劳，牺牲了太多的休息时间，花费了数额有限的金钱，却收获了太多人的信任和赞许，得到了更多良知的安宁。作为教育工作者，他很知足，很幸福。作为优秀工作者，爸爸先后在20世纪80年代和90年代去北京参观旅游，当双脚又一次踩在那令许多人神往的土地时，爸爸竟然热泪盈眶，他脱下帽子，在主席面前虔诚鞠躬，心中反复说："我又来看主席了，我会把毕生的心血都奉献在我所负责的工作上。"爸爸事后跟我描述，主席对着他微微笑，充分地相信他！爸爸说："我真的好激动，我对主席立下的誓言实现了，我太幸福了，以至于手脚不知道该放在哪里。”其实，爸爸那时候的工资一年才发一次，也就那么一千多元，但是他很满足。不计较得失的爸爸很幸福，他的熏陶让我深深感受到幸福其实并不遥远，普通人要得到幸福并不奢侈。

孩子的世界里，爸爸总是以木讷的形象出现在我面前，但也是有威严的，不会和我多言语几句，总是一副我与他没有多大关系的样子，偶尔会露出微笑，更多的时候是用眼睛来告诉我他心中所想。小学阶段我一直跟在爸爸身后，他去哪所学校上任我就去哪里读书，到处流浪的时候爸爸是我心中寄托的一个“符号”，有他在的地方就是我的家。离家几十里的北剅口小学，是我小学辗转的第三所学校，那时候的老师基本都是民办教师，本地人多，忙完工作立马换衣服去田里忙农活，根本就不能在学校住宿，所以爸爸总是会主动留下来住校。大多时候，他会叫上食堂的工友，一起去教学楼后面的杉树林，把一棵棵半大的树苗扶正，培上土，除掉杂草，一边和工友大声说话：“你看，这树长得多快，不出几年，就成荫了，学生可以到这里面玩。”又说：“老何，你在这里比我待的时间长，可以看到他们成材的时候，拜托你多花点时间看管他们。”更多的是在烟雨朦胧中，爸爸站在楼顶那片树林发呆，目光延伸得好长好长，或许他在憧憬未来，或许只是在满眼绿色中寻找他的希望。刹那间我突然有个愿望，多么希望自己就是一棵树，一株在风雨中招展枝丫的树。灯火如豆的夜晚，爸爸会回到那张书桌前，在他埋头改作业时，我悄悄给他泡一杯茶，给他打一盆洗脸水，然后偷了他的钥匙溜去学校唯一有课外书籍的办公室，如饥似渴地阅读，把喜欢的句子摘抄下来，把好的片段剪贴下来，把最感兴趣的文章一字不漏地背下来。在爱不释手的时候，我会冒险偷一本出来，躲在被子里打着手电看，然后再瞅准机会放回去，又换一本继续读。庆幸的是当时学校修教学楼，爸爸总是挽着裤腿，穿着黄胶鞋忙得不分昼夜，无法顾及我到底在忙什么，就这样不知不觉一年到头了。一次作文竞赛，当六年级的我能把有关“春天”主题的作文发挥得淋漓尽致、极有大家风范的时候，爸爸才知道，天天在他身边转悠的这个天生大眼睛的孩子为何总是眯着眼睛看东西，原来都是偷偷读书惹的祸。当我的作文在所有老师手中传阅的时候，爸爸笑了，拍着我的头说：“黄毛丫头，读书是好事，别躲着，让眼睛受累了我饶不了你。”我睁大眼睛望着他的眉间如一朵菊花慢慢舒展开来，眼泪不打招呼地冒出来，等流到腮边时不由得又笑了。并不成熟的我却在这个时刻明白爸爸那份舒心流淌在心尖。

又一年暑假开学，爸爸带着全校教师去镇里礼堂开教师大会，我没有人照管，只好带着我一起出发。十岁的我，矮小单瘦，不足一米四的身高，独自骑着自行车上路了。刚刚下过雨，乡村泥泞的路让自行车走一段就要停下来，拨弄掉轮胎上的泥才能继续前行。因为没有地方吃午饭，或许是为了节约开支，炊事员带着柴米油盐同行，爸爸把工友背上的米和油都移到自己的车座上。爸爸和老师们一起侃侃而谈，偶尔扭过头看看我，又蹬着车朝前走。一段时间后，我落下了很大一截，渐渐有些支持不住了。额头上渗出了豆大的汗珠，衣服前胸后背都湿透了，看着前面更加难以逾越的泥巴路，不由得害怕起来，“爸，爸……”，他依旧在向前走，好像并没有想要帮我的意思。同行的老师要回头来帮我，他似乎制止了。我故意不再去看他，我不想被他看扁。我在路边喘着粗气，脱掉不堪重负的鞋子，但并不想求饶。我伤兵般地一步一挨，不知道多久才走上了一条砂石路。爸爸正在路边张望我的身影，一句话都没有说又骑着车走了。我狠狠地看着他的背影，使劲蹬着车追赶。好不容易到了目的地——一户离乡政府礼堂不远的农民家里，还没有下车就倒下了，我再没有任何力气支撑下去了。等睁开眼睛时，爸爸站在床边，手里端着一碗热气腾腾的汤，对着睡眼惺忪的我一递，命令式的口气：“喝了吧！”我扭头不接，泪水像决堤的河水喷涌而出，父女俩就这样静默了两分钟，汤碗的热气也模糊了他的眼。“来，孩子，爸爸不好，喝了这碗肉汤就有精神了，你就会更加坚强。”何师傅恰巧在这时进来了，“燕子，快吃，你爸爸的一份汤都留给你了！”爸爸坐在了床沿，用一只手轻轻搂着我，“喝吧，别哭了。”我顺从地和着眼泪靠着爸爸的手臂，喝下了那碗汤。记忆中，那是爸爸第一次主动拥抱我，那样美味的肉汤我再也没有尝到过。父爱的深沉在我童年时分已经烙在心中，他用另一种方式告诉我爱并不能成为软弱的借口，任何时候别向困难低头，再累再苦要靠自己咬牙坚持。

他以强者的姿态生活在我的世界，我看到的不仅仅是强者的坚持，更多的是强者的生活方式，爸爸用无声的行为教育了他的学生，教育了我。

总是在坎坷的道路上行走，总是让命运穿过激流，每一次把希望还给大地，每一次把苦涩埋在心头，爸爸就这样在艰难里快乐地穿行，身体的病痛并没有让他那颗感受幸福的心沉沦，只是越来越瘦的身体让他感觉不能不关注健康。也不知道从什么时候起，爸爸开始整夜整夜睡不着觉，年轻时是觉得身体素质好，不困不乏不睡觉无关紧要，但持续了十多年以后，爸爸的头发开始急速“下岗”，从“地方支持中央”到头顶秀发的大面积“荒芜”，爸爸白皙的脸庞霎时凸显苍老。但爸爸总是自己打趣，说这样多好，省了很多洗发水，为我们节约资源。平时出门，他总戴一顶帽子，深蓝色的鸭舌帽，他说是时尚，说谁都没有他这样的闲心来注意仪表的。记忆中，爸爸总是身着白衬衣、蓝裤子、灰外套，戴顶帽子，风雨兼程、风风火火地骑自行车。

大概爸爸三十五六岁的时候，他刷牙时总会弄得牙龈出血。先前以为是不小心弄破了牙龈，后来发现并不是这么回事，他嘴里总会有股血腥味，因为牙龈会无故地持续地出血。奶奶着急，妈妈着急，我也着急。整天瞪着大眼睛看着爸爸日益苍白的脸，日渐消瘦的身体，父母的长吁短叹让我感到家庭笼罩着一种阴影——爸爸的病很严重。七十多岁的奶奶大老远去湖北求佛，带回来一些古怪的烟灰，要爸爸和水服。妈妈坚决不同意，坚持要和爸爸去县城医院检查。为这事，奶奶和妈妈之间有了很深的误解，奶奶不理解妈妈为何不关心丈夫的死活，狠心无情；妈妈坚持不信迷信要信科学，不想因为奶奶的愚昧而让丈夫延误病情。爸爸总会说“我很好，没事”。从不开口求人的妈妈瞒着家人去找外公，因为看病需要钱，在病情迷茫、未来未卜的时刻，坚强的妈妈做了最坏的打算，先准备好钱，其他的再说。外公当时是镇水委会的一个负责人，相对而言，比做民办教师的父母经济要宽裕很多。妈妈借到钱，哄孩子似地把爸爸拉上了去县城的车，幸好检查的结果只是血小板减少，自身造血功能衰退，造成身上无故青紫，口腔无故出血。多亏妈妈的坚持，要是不予理睬，也许会有很严重的后果。

记得那天从医院回家，晚饭后他们很高兴地唱起《卖货郎》，让我觉得就在眼前，记忆犹新。从那段诙谐有趣的歌声中，我似乎见到家中幸福气息的升腾，爸爸还是顶天立地的男子汉，有他在家就在。

走在春天边缘的爸爸（二）

大地还没有苏醒，你总会掀开我被子，提溜着我的书包，简单一句“走，不能迟到”。我揉着惺忪的双眼坐在你的单车后架打呵欠。我们总会是第一个到校的，因为你要巡视校园卫生，哪怕一片落叶也不会放过。

午休时间，凉席中间摆放着跳棋和象棋，你大手一挥：“选一样，看有长进没？输了认罚。”然后我匍匐在席子上，你盘坐在席子上，厮杀或者堵截，往往以我失败告终。得到的惩罚是在凉席上乖乖地躺上 45 分钟，不能睁眼，不能做其他的事情，只能在心里默默数数，差不多到点了就一跃而起。你总说：“我家孩子比闹钟还管用，时间概念太强了。”

落日的余晖里，你会把桌子摆在梧桐树下，上面摆着草稿纸、算盘、剪刀、卡片，然后对我大喊：“做作业了！”我瘦小的身影就会飞过来，细瘦的手握着一支笔在桌面上晃晃悠悠。

酷暑，你的脚步声刚刚落在院子里，草帽刚刚躺在桌面上，喊声迭起：“今天裁纸了吗？”我会麻利地把桌子收拾好，娴熟地铺开毛边纸，磨好墨，用清水捏软毛笔，静静地立在桌边，看你一笔一画写大字。悬着的手腕一提一压，一收一画，苍劲有力的大字呈现于纸上。对你的敬佩油然而生，看你的眼神在那一刻全都是敬仰。

随着腊月的香味日益弥漫，家里眨眼间热闹起来，乔迁的，婚嫁的，都愿意定在年底。大伯大婶的，拿一把糖，一壶酒就寒暄着进屋了。“去年大儿子结婚是你写的对联，你看如今和和气气、平平安安的，今年小儿子娶媳妇，还是要你写对联呀！”你总是客客气气地道：“好，放心，到时候来取。”“我家过年大门上的对联还是要你写呀，等杀猪的那天接你到家喝酒呢！”看着你满脸真诚的应允，我知道这个腊月你会有更多的时间坐在书桌前琢磨，如何因人对句，因事写词。

你慎重地找我谈话：“孩子，一个重要任务要交给你！”一种使命感在我小小的身躯里奔涌，头不由得抬起来了，胸也挺起来了，“保证好好干！”“从今天起，你学着帮我拖纸，我写一个字，你朝前拖一段，但要平衡，保证字迹的间接距离要均匀。”“容易！”我满口答应。结果用力要不重了要不轻了，要不把纸抬高了，墨流动了，要么把纸弄破了。你耐心地教我折纸，折出九宫格，你示范站立的姿势，你用尺让我感知 10 厘米的距离……现在我可以很均匀地把字写在格子中间，即使是白纸，我也可以写得很工整，漂亮，因为你在那时把格子距离画在了我心里。你用围巾包住我稀疏的头发，说不让北风吹落了；你用门板当球桌教我打乒乓球，说运动可以无处不在；你用算盘教我打“666”，说珠算比计算机不会差；你用竹竿赶我在河滩上跑步，说体质是锻炼出来的。你用强者的姿态告诉我生活尽管不容易，但乐趣是自我营造的。

丰满羽翼，我迫不及待地离开你的呵护，岁月流逝，我少有机会回头看看那条来时的路，只是在不经意中，我才发现，岁月偷走了你好多好多。

你总在我早晨还在酣睡、中午还在休息时，打电话问我还不起床吗；在我工作时你打电话来，电话接通后 30 秒你才开始说话，重复一句：“是燕子吗？”你说害怕拨错了号码。我哑然失笑。

你楼上楼下跑好几次，一会儿忘记了买这个，一会儿又说还要买那个。一边走一边念叨，有槟榔、红枣、橙子、开心果……可走到超市门口那串念叨会无故遗漏几样，不得不又折回来。

吃药后你总会在几分钟内入睡，鼾声大作，醒来后第一句就问：“我刚刚没有打鼾吧？我睡着了吗？”饭桌上，你伸长脖子望着对面那碗红烧肉，问，我可以吃几块吗？馋嘴的样子让我看到了孩子的渴望。

冬天换上新棉衣，你总会拍着身体，这里扯扯那里拉拉，“好看吗？”等我们都回答好看，你如孩子般烂漫地笑了。

小宝病了，你和她一起哭，一边哭一边抹眼泪唠叨：“这怎么是好呀！”

你真的老了，无法承担起生活之重。曾经我以为，你永远在远方的家中，等候我的回归。岁月轮回里的你，如一只守巢的鸟，等待着儿女的回归。

用这首小诗奉劝天下儿女：

当我老了，不再是原来的我。请理解我，对我有一点耐心。

当我把菜汤洒到自己的衣服上，当我忘记怎样系鞋带，请想一想当初我是如何手把手地教你。

当我一遍一遍地重复你早已听腻的话语，请耐心听我说，不要打断我。你小的时候，我不得不重复那个讲过千百遍的故事直到你入梦。

当我需要你帮我洗澡时，请不要责备我。还记得小时候我千方百计哄你洗澡吗？

当我对新科技新事物不知所措时，请不要嘲笑我。想一想我当初怎样耐心地回答你的每一个“为什么”。

当我由于双腿疲劳而无法行走时，请伸出你年轻有力的手扶我。就像你小时候学习走路时，我扶你那样。

当我忽然忘记我们谈话的主题时，请给我一些时间让我回想。其实对我来说，谈论什么并不重要，只要你能在一旁听我说，我就很满足了。

当你看着老去的我，请不要悲伤，理解我，支持我，就像你刚刚开始学习生活时我对你那样。

当初我引导你走上人生的路，如今请你陪伴我走完最后的路。当你给我你的爱和耐心，我会报以感激的微笑。

这微笑中凝聚着我对你无限的爱。

飞旋的裙子

小时候，我最经常的举动就是独坐一隅，静静地托腮凝神默想：想蚂蚁的“碰头会”，想撑着大伞的绿树，想生命逗号延续小河诗篇的蝌蚪，想长着翅膀从遥远的地方赶来的春风，想高墙院内探出头的红杏，想在草地上迎风而上飞翔的风筝，想隔壁阿姨家里的小姑娘身上那条绿色的长裙。和煦的阳光悄悄给我瘦弱的肩膀涂抹上金黄、橙红，悄悄瞧着我在恍惚中露出浅浅的笑。

还是读一年级时吧，5 岁的我总是挥舞着一双黑漆漆的手到处拾掇泥土和小虫，和他们说话；也会爬上树梢摘下最长最多的那串苦楝果；还会搭上梯子去掏屋檐上的鸟窝，摘些树叶子，捡些瓦片子回来开杂货店。可是这些都不会吸引我太久的目光，我仍旧爱静静地默想，尤其是我喜欢的班主任姚老师房间里突然多了两个“来历不明”的人，让我想得更加离奇。一个高大、衣着一丝不苟、走路铮铮有力的军人，一个梳着小辫扎着蝴蝶结、穿着干净整洁裙子的小姑娘。他们总爱在教室旁边的小屋子里悄悄地说话，我贴着门偷偷地侦查过好几次，除了看见小女孩在房间里跳跃的裙边外，什么也没有侦查到。失望和落寞一次次地吸引着我睁大好奇的双眼跟着他们，小小的我并不了解大人们复杂的情感问题，只是发现姚老师整个人都憔悴了，原本大大的、水汪汪的眼睛没有了发亮的焦距，有时还是红红的、肿肿的来给我们上课，悠扬的小曲在她嗓子里也开始沉睡了。我开始心痛，开始憎恨，开始讨厌这两个不速之客，是他们的出现让我们美丽欢快的老师流泪了。我又开始疯想，赶他们走。我要让他们得到惩罚，姚老师说，做了错事就应该得到惩罚。满脑子的“复仇计划”让我午睡都没有闲着，机会还真的就出现了。

妈妈让我把印完试卷的油墨蜡纸扔出去，看着这黑漆漆的纸张，我眼睛一亮，我得让那个穿着花裙子到处旋转的人沾上一身黑，瞬间的金点子，让我恨不得亲吻它，那呛人的气味也显得芬芳了。可是找回来了藏在哪里呢？油墨黑乎乎的、黏黏的，不能放在身上，也不能放在书包里，更加不能拿回家，除了直接拿去作案，就没有更好的法子了，但我还是选择了把这宝贝藏好了伺机而动。放学后我书包都来不及拿就直接飞奔垃圾堆，把那张能够让我保护好老师的法宝找出来。我用手捧着蜡纸，小心翼翼地穿梭躲闪在校园白杨树下，眼瞅着姚老师家那张不断开关的小门。因为还有很多同学因为“没有完成写字任务”而进进出出，我只能眼巴巴地等着。此刻我似乎成了大人，我仿佛见到了姚老师那张甜美的笑脸，我帮助她赶走了她不喜欢的人，我帮她对付了欺负她的人，姚老师一定会奖励我很多花花绿绿的糖果，会搂着我，抚摸我拿蜡纸黑漆漆的手。那股不可遏止的勇气促使我又朝前走了几米，我又贴到了她的房门前。留下写作业的同学都陆续走了，校园一时安静下来，我静静待着，贼头贼脑地向门里探望。“啪”的一声响，瓷器破碎的声音让我不由自主地跳了起来，怎么回事？

“你到底走不走？”是男人的声音。

“我走不开，你也看到了。”姚老师细细的声音。

“妈妈，回去吧，这里一点都不好！”花裙子清脆的声音。

“你看，我要走了，这里的伢子就没有人管了，这里没有一个正式的老师。”姚老师哀求的声音。

“你看着办吧，别人的伢子重要还是自己的伢子重要！”男人愤怒的声音，“部队有子弟学校，你可以继续教书，也可以管管孩子！”

“我也想去，但这里不是离不开嘛。我还要继续和伢子们说普通话，你就和妈妈一起住，可以吗？”

“妈妈，走吧，我不要待在这里！”

“别说了，你不走我们走，总不能一辈子都在这鬼地方！走，我们就走！”

“不，不要，孩子爸爸，你听我说，再等等好吗？”

“还等，我都等了8年了，等不下去了！”

“求求你了，再等等，再等等，好吗？我舍不得你们，但我也舍不得学生伢子呀！”

“那好，我们走，就走！”

“不要，不要，求求你了，让我和孩子还待会儿！”姚老师近乎呐喊的声音，“再等几年我就跟你们回去，求求你了！”

男人猛地拉开了门，身后跟着花裙子，满脸惊愕望着门口同样惊愕的我，男人狠狠地拉着花裙子迈出了那张简陋的门，很快消失在即将降临的夜幕中。留下我，悻悻地站着，满胸疑惑；看着房间里斜卧在床上的姚老师，肩头一颤一颤，细微的抽噎声如刀割般让我心痛。

“姚老师！”我大叫一声跨进了房门，“不要哭，我喜欢你，我陪你。”姚老师坐起身，泪珠爬在脸颊亮晶晶的，额前几缕细发凌乱地摆着，眼睛里充满了悲伤。“姚老师，别怕，我是来保护你的。”看着满身黑漆漆的我，童真的脸蛋因为激动红扑扑的，胸脯急促地起伏。我举起手里的油墨蜡纸，正气凛然地说：“你看，我是来帮你的，我要让他们变成黑人，我要把他们赶走，不让他们再欺负你。”

“伢子，不用赶了，他们走了，已经走了。”姚老师喃喃地说，眼睛再一次被晶莹的泪水弥漫。“老师，不要哭，我会保护你的，我要你教我，一直在你班上。不要哭！”我的声音也哽咽了，我担心老师因为害怕而走，离开我们。

“好伢子呀，会的，会的，我就是舍不得你们呀！”姚老师紧紧抱住了我，没有讨厌我身上黑乎乎的油墨，没有讨厌我脏乎乎的衣服。她仍旧喃喃地念着“会的，一切都会好的，一切都会过去的”。

幼年的我并不明白当时的姚老师承受着失去家庭和孩子的苦痛，并不知道她为了我们做出了牺牲美好青春、牺牲优越生活的举动。那种痛是无法用言语，无法用文字来描述的切肤之痛；那种痛是欲罢不能，但又不得不忍痛割爱坚持抉择的失亲之痛。我英雄的行为让姚老师更加难以选择，她咬牙在针锥上行走，每一步都走得艰难，走得痛心。

好久，姚老师拉着我的手在清水中默默地洗刷，盆里清亮的水面漂着五彩的肥皂泡，一遍两遍，直到油墨褪色，我的小手小脸蛋变得白皙。望着我沾满油墨的衣裤，姚老师笑着摇了摇头，转身在那个红木箱子里拿出了一条紫色的裙子，上面星星点点的白花，荷叶状的领口恰到好处地结着几个小巧的蝴蝶结。好美呀！

“来，快点换上。”姚老师轻轻地招手让我上前，我怯生生的脚怎么也迈不开步。刹那间我似乎看到了花裙子的笑脸，看到了她穿着裙子在大杨树下飞旋的神情。

“快来呀，这条裙子就送给你了，以后可别让它变成大花脸呀，小英雄也要讲究卫生。”

“不，不，我不……这是小姐姐的。”我第一次感到了羞愧。

“穿吧，姐姐用不上了，她走了，不来了。”姚老师的声音变调了，我知道是我又让她感伤了，情感的倾泻向水闸一样一触即发。我流着泪穿上了那条花裙子，顿时满屋子都飘着茉莉的清香，我伸着手臂，仰着头，自由地旋转，荷叶样的领口飞着小小的蝴蝶结。尽管还有些大，但我无比珍爱，以后的日子里，我再也没有让自己变得黑乎乎，变成大花脸。

那条紫色的散着清香的花裙子成了我梦中经常出现的伙伴，也成了我生命中不可遗忘的一部分。直到今天，我还会记得它恬静、优雅，伴随着欢笑的模样。

一句话的力量

“既然你看不见眼前的世界，那就让这个世界看到你。”这是著名盲人音乐家安图烈·波切利的父亲在他12岁失明时附在耳边说的一句悄悄话。正是这句话让万念俱灰的安图烈不再消沉，燃起了生活的信心和力量，并且创造了音乐史上的神话。文明，也许只需要一个鼓舞的眼神。在我们耕耘的课堂，一句轻轻巧巧的话，如果它包含了真诚博大，就会像开在星星上的花朵那样，闪着流萤，掖着星河，在你所到之处撒播甜蜜和智慧。

这是一堂别开生面的示范课。教室里外就像河坝上立着的如林的树苗，密不透风。孩子们睁大眼睛面对“送教下乡”的教师，陌生紧张让他们屏住呼吸端坐着，谁也没有勇气举起小手起先开腔。年轻女教师的心揪得很紧，“孩子们，勇敢点！”“老师准备了很多奖品哦！”教室里依旧沉默，常规鼓励语言失效了，奖励方式丧失了原有的诱惑力，怎么办？思忖片刻，女教师轻盈转身，轻捋发际，羞涩一笑，轻轻巧巧说了一句充满鼓励的话：“谁想发言，看我一眼。”

“谁想发言，看我一眼”这句话就像巨大的聚光镜，把所有孩子的目光都聚集过来，清澈透亮的，跃跃欲试的，惊喜自信的，惶恐不安的……老师的目光就是冬天一团温暖的火聚焦在这一刻，瞬间所有的小树苗都开始伸展枝丫，摇摆身姿。有孩子在赞许的目光中走上了讲台，将计算题工整地板书在黑板上；有孩子站起来，用洪亮的声音进行学习评价；有孩子质疑，有孩子答疑……课堂上展现的是不用把小手举得高高也可以畅谈自如，展现的是在目光的意识下愉快轻松地学习。“谁想发言，看我一眼”这句话，读懂了人的希望与苛求，轻而易举地把孩子小小的心灵渗透；这句话就如一颗火种，及时把暂时的沉静和腼腆都化成一种纯粹而唯美的力量，直达每个人的心扉。

诊断反馈时段，女教师依次批阅作业，然后俯身悄悄跟孩子耳语，有孩子露出了笑脸，有孩子的热情在眼睛里点亮，有孩子手舞足蹈，有孩子为自己竖起了大拇指，还有孩子大声欢呼“耶”。女教师像只轻巧的燕子，利落地穿梭在课堂里，坦荡地微笑着在每个孩子耳边轻轻诉说“我相信你”“你好了不起”“漂亮极了”“加油呀”……每一句话让孩子的心都在刹那间变得光明无比，获得了强大的感召力。

回想起几年前，我刚接手语文教学时，发现许多学生作业字迹很潦草，于是我便在这些作业本里真诚地附上一张小纸条：“写字如做人，只有认真对待才会新鲜美丽，老师期待你的进步。”一句话让大部分学生作业态度有了很大改观。于是作业本上又出现了“现在的一小步，将是人生成功的一大步，你们一定能够做得更好”，每次作业后一句话的交流都是一次有意味有思想的智慧碰撞，激荡着我们求上进的心灵，鼓舞着我和学生不断地完善自己。在学生的倡议下我们进行了“经典一句话”评比活动、“评说一句话”说话比赛等，让文字的情感和人性的哲思润泽着我们的课堂，提高了课堂的质量，提高了生命的密度。

一句话能够有多大力量，可能是黄沙漫漫中的一股清泉，可能是苍茫夜色中的一缕灯光。一句话可以救活一个人，也可能毁灭一个人。用心说每一句话，用一片不求回报的真心汇集成语言簿，会让人听之如沐春风、心旷神怡，品之如饮琼浆、回味无穷。用问答笑谈，轻言细语开启一场趣味横生、个性张扬、见地不凡的深度对话，应该是教师追求的境界。

秋夜听风

秋夜，被一曲笛音附和，缱绻而至。空灵清凉的季节之绳缚住了夜的单薄，秋夜的私语只需要用墨黑的深沉来雕刻，从路上，树梢，泼墨般蔓延到窗棂，灯下。柔暖的被子里，蜷缩着每一个打蔫的器官，躯体被肢解，躺着，趴着，或立着，弯曲着，支离破碎地被缓缓升起的暖意催软，浸透。阅尽人间沧桑的秋夜，用清泉细流的静默，让一切喧嚣都变得简单明了。

我总会在安逸悠然的幽暗中清醒又沉睡。思维的疆场无所畏惧地扩张，一会儿天空，一会儿高山，一瞬间现在，一眨眼未来，大脑曲折扭转的沟壑里，踉跄着三五个跳跃的细胞，不依不饶地翻转。四肢依旧是慵懒的，手足依旧沉睡，并不挪动位置。在一片墨黑里，眼睛捕捉不到任何光亮。只有耳畔，风声步步逼紧，寸寸逼近。空气在奔跑，风随流动不约而来。它跑过裸露的肩胛，跑过粉色的蕾丝帷幔，跑过浸泡过醇香琼浆的夜幕，再跑进我发梢，跑到我耳边，跑得滋味十足，那份热烈在耳蜗里轰轰作响，旋绕一圈又温柔回避，羞怯如羽毛，透明如水晶。急促奔跑而失重的空气拎着我的耳朵在秋夜里游走，细腻如脂地游走。

风来，叶落无声，水漾无痕，秋歌无声。风加速奔跑，用丰富多变的表情在我耳边低语。它划着弧线在暮色中仰望，沉思的表情里，有望而却步的徘徊，有恋恋不舍的心绪，有悲怆凄凄的落寞……绚烂正被涂抹，繁华已被淹没，生命的脉络清晰可见，就让我带着万物回归本真。

风至，飞花烟雨，落地成殇，秋色苍茫。风从容飘舞，以一阕词的长度吟出无字的诗篇，它召唤着伸出手臂拥抱苍穹，它义无反顾地包容着春的欢笑、夏的热烈、秋的静美、冬的沉醉。风里是过尽千帆的沉淀，是等待光明的从容，是季节轮回的渴望，是逝去的斑斓回忆……厚薄浓淡，远近温凉，唯有在听风时用心起舞，把握豁达与宽容才能获得灵魂深处的超脱。

风过，沉稳厚重，轻盈散淡，秋意明快。风优雅而过，临雨听风，如一朵素净自在的浮云在心上撩拨，没有人知道风是如何在心尖走过的，看不见形体变幻，却在瞬间感觉有针尖微刺的疼痛，酥麻的轻痒，直到唇间有了欲滴的那颗泪，终于恍然大悟，蜿蜒覆落枕上。秋夜风起，生灵落进尘埃。尘世中的我们，在夜风回归自我，胸怀坦荡，自由自在。如同一片洗尽铅华的绿叶，轻盈淡定沿着岁月的长河变换颜色，停停走走。

秋夜听风，秋夜中走过一个季节，夜风中又到达了一个季节。

谁陪我吃药

朋友都说，春雨总是让人期盼，过于频繁又似乎有些恼人，就如这一两个月来一直困扰我的胃痛一般，忽冷忽热，亦远亦近，迷离着双眼跟我躲猫猫，忙碌时感觉不到，稍有闲暇就跳出来偷走我的笑意。面对雨幕，我也不再任性地在淅沥的雨里漫步，只能倚窗而望，看“斜风细雨不须归”的那幅朦胧雨景。胃的隐痛让我记起熬了一天的中药汤到现在还没有喝，炉子还在，药罐也在，只是火灭了，伸手去揭盖，“哐当”一声响，瓦罐粉身碎骨，接着药汤洒了一地，破碎的程度，现场“勘测”绝不是瓦罐在火炉上煮破的，看那印痕应该是碎后拼起来，放在炉上岌岌可危，只要呼吸气息重一点就能吹倒它。剩下我“木讷”了半天，杵在原处哭笑不得。还是算了吧，反正我也不喜欢那酱油似的药水，呵呵，我摇摇头就出了门。

拎着雨伞走进公寓，旋转着伞把把水珠抖干。“咚咚”敲门声，听见有人说：“只敲两下，校长说过这是礼貌……”又是两声，谁呀？我应声开门，两个孩子站在门前。一个涨红了脸低着头，一个扯着另一个的衣角，也低着头。

她们的不安让我脑子轰地一响，不会出什么事吧?

“我们俩……”又低头不语了，仔细一看，其中一个手里还提着一个罐子。

“你们这是……”我更加狐疑。

一个孩子把罐子递给我说：“这是您的！”

给我的罐子，难道你们也知道我的罐子破了。“谢谢，谢谢！”我连忙接过罐子，把她俩拉进门，“我正想明天再去买一个呢，你们就买来了，多少钱?”我要掏钱给她们。

“不，不要钱！”她们摆着手往外跑，“吃晚饭时，我们俩玩游戏，把您的药罐子打破了，所以重新买新的来了。”

哦，原来如此。

“我们怕您明天没有用的，就刚刚出去买了，不耽误吃药，”一个孩子说，“我们好担心。”

“担心什么?”我问，“担心我骂你们，惩罚你们吗?”她们俩摇头。

“别怕，你们把药罐子打破了，我的病不是就好了吗?”

“再说，我最讨厌吃这个药了，又苦又涩，你们打破了不就不用吃了吗?”

听着我的玩笑，她们抬起头，望着我笑了。

“不是，我们是怕你没有瓦罐了，就不吃药，那病就不会好啊！”

“您还是要好好吃药，我们都支持你，吃药的时候想起我们，你就不觉得苦了。”

“哈哈，最好的办法是，吃药的时候，请你们帮忙，一人一口，就容易喝完了。”我不禁哈哈大笑。

“不会吧，吃药可帮不了，我有个好主意，每天您吃药的时候，我们都来，你喝药我们喝水，陪你就喝得下去了！”

望着这两个才1米多高稚气未脱的孩子，两个敢于来承认自己错误的孩子，两个能主动关心别人的孩子，我突然觉得自己的心好痛，一种自愧不如的痛，一种为世间还有纯真的人和真诚的心而痛。只有他们，才能唤起一些人对良知的把持，对道德的把握；对比这些愿意陪着他人喝药的孩子，现实生活中那些唯利是图，那些钩心斗角，那些不负责任，自私自利昧着良心的人来说，是多么鲜明的对照。我庆幸，我生活在这样纯洁真诚的世界里，我也将为这个世界的纯净一直努力下去。

夜语呢喃

夜，你羞涩了吗？

霞光伸出触角和你告别，你却躲闪不定，躺在树梢，躲进草丛，落在山坳，藏进湖水，溜过窗台。我伸长脖子仰望你来时的路上，直到眼睛再也找不到光芒。我在窗棂子里循声望你，只有招摇的树叶在你的手掌中起舞，那哗哗的声响就如你的脚步踏在高低不一的琴键上，惹人悄然抬头又忍不住回头。看见路人的笑靥了吗？斟满舒适的酒窝触摸到了你的气息，柔柔的，浅浅的，在风中一遍又一遍地发出邀请，来吧，我们起舞！

夜，你安睡了吗？

我把蒲公英漫天飞舞的种子悄悄种在了你的梦乡，它们将在你潮湿的夜露里发芽生长。长城载得动你梦呓里最旖旎、最闪烁的梦幻的降落伞，一个一个，降落在你最需要的地方。那里有一片蓝色的湖水，一艘挂着白帆的小船，一轮清冷的弯月，一幕寂寥的星空，还有白莲花不露声色地依次在你枕边散出清香。闻到花的芬芳了吗？渔火般的花瓣亲吻着你，无比怜惜的，在你的臂弯里游走。睡吧，我们是你的守护者，在你的笼罩下无声息的凝望，阻隔尘世的纷扰，只为点缀你蓝色的琉璃般晶莹剔透的梦。

夜，你是慎独的圣殿、黑色的精灵，你穿越火与冰的流水线，在曲曲折折的长河里游走，走进生息修养的那片森林，如瓦尔登湖的沉静、纳木错湖的神圣；你是净化灵魂的过滤器，历经悲与欢的洗洗刷刷，沉淀生活的滴滴醇香。就用你深夜的沉寂和晨曦的明媚为我们现实和理想的步调刻画出人生本该有的多种抉择。选择一段路，选择与人结伴行，跌跌撞撞中才明白，一生之中兜兜转转，都会有徘徊时，夜的迷离正是光的前征。

夜——在我呢喃的低语中，你醒了吗？

附文评

呢喃夜话不迷离

周艳的散文是朦胧的、诗意的、婉约的，那种走马观花式的浏览，怕是捕捉不了真意的。

夜在我们常人的眼里是深沉的、酣睡的，甚至是恐怖的，因为没有星星的夜晚，漫天都是黑。但在《夜语呢喃》的作品里却是另有一番别致的情境。夜是害羞的，躲躲藏藏；夜是欢快的，随风起舞；夜是舒适的，温柔甜蜜；夜是梦幻的，有蒲公英的漫天飞舞，也有白莲花散发的清香，仿佛还有替别人装扮的梦。夜在这里成了一种象征，是默无声息，藏身背后，但又处处彰显着人性美的夜；是由自然景观装扮而成又与尘世阻隔的梦幻之夜。这种夜是美丽的，梦幻的，纯真的。

如果说作品的前半部分是景中融情的话，那后半部分则是直抒胸臆。有点像郁达夫《故都的秋》，觉得写景不够味了，便把自己的心干干净净掏出来给人看，仿佛只有这样才能过瘾。

夜，是慎独的圣殿，因为夜里容易迷失自我；夜，是净化灵魂的过滤器，因为白天太忙碌。生活在时空里，慢慢地变得如同醇香。夜，是光明的前征，尽管会有迷离与跌撞。这是对夜的赞美，也是对自己的警醒，更是对夜的哲学感悟。

散文应是真实“自我”的流露，一切景语也皆情语。《夜语呢喃》应是“自我”生活的心灵再现。作品主旨应是：我如夜一般，默默地工作，不图个人名利，但有纯真的追求，懂得为别人付出，成为别人的守护者。人生路上，我们有过徘徊，也有过迷离，但我是慎独的。我将与名师益友结伴，坚定地朝理想的彼岸走去。

作品虽然短小，但小巧玲珑，很是精致。在艺术手法上有过人之处。如写夜的声音，要把其声音状写出来，这很难。作者借助树叶与风的意象组合，在想象的地域里绘形绘声，并以动衬静写出了夜的静美。又如写夜的梦境，作者用了蒲公英的意象，蒲公英成熟后便成了白色绒球。这白色绒球从空中而降有如降落伞，这降落伞一个个降落，便营造了一种特别的梦境，如果我们仰望天空来想象这梦境该是何等美好。加之冷月、星辰、湖水、小舟的自然背景与白莲花的清香点缀，梦境便更显自然，更加纯真了。

（华容县教育局 范志福）

伴儿读书

固定的双休生活模式中，总留一段伴小宝读书的时间。哪怕阅读完整故事的机会很少，我定然会在窗前的书桌旁，静静地看着她，仿佛只是在欣赏流水的脉搏，聆听花草的细语。

三年级开始写作文了，她告诉我说要细致描写一处景物好难找到词。小宝并不知道我也不知道该如何对她讲述。我思来想去，还是借名家名段来引路，启迪她吧，兴许有点作用。

读一段伍中正的《院中一菊》让她听听：春天和秋天的距离，不是太远，日子如水一般流过，靠院的西侧，瘦弱的篱笆下，不经意间，长出的一菊，起初是瘦瘦的样，篱笆看着菊长的，可以说，菊在篱笆的目光里长大。往后，那菊怕是有点占据院子的良好想法，发一些纯粹青春的叶片，张开无数的小口，饮无数朝露，饮无数秋雨，渐渐地胖了。好像没有人叮嘱，院中一菊，穿起了绿绿的衣服，一件一件给院子看，眉目清秀的姿态，给院子所在的村庄看。

“妈妈，这个作者好幽默。”

有效果，小宝能够听出作者行笔的风格和情绪，这招旗开得胜，我心里一阵窃喜。

“幽默吗？我怎么没有读出来？”

“妈妈，他说没有人叮嘱，菊花就长大了。”

“是吗，不叮嘱会长大吗？”

“会呀，妈妈，就像你生了我，不叮嘱我，我也会自己长大的呀！”

“那要是你自己长大了，少了妈妈的叮嘱，你能一个人独自生活得很好吗？”

“不会，我是妈妈的宝贝，没有妈妈照顾我会好可怜的。”小宝趁势抱着我，典型的撒娇。

“那菊花怎么不用叮嘱就自己长大了，她没有害怕，她多勇敢，自己开得灿烂夺目。小宝呢？做得好吗？”

"小宝也很勇敢，我能独立做好多事情，长大后也不需要妈妈天天的叮嘱了。"我侧头瞧着她，表示出希望她和我一起朗读的意愿，小宝机灵地立马把头凑到了我耳边，气息呼哧呼哧地直逼我的脸。

"妈妈，菊花可以用'胖胖的''瘦瘦的'来写，拟人化了。"

"嗯，你真棒！那菊花什么时候瘦瘦的，什么时候胖胖的？"

"刚开花的时候瘦瘦的，花骨朵；开了就胖胖的了，每个花瓣都松开了。"

"还有这样的写法吗？"

"篱笆看着菊花开的，就像菊花妈妈一样保护她。"

"妈妈，春天和秋天的距离很远，因为隔了一个夏季，可他说不远。"

"为什么呢？"

"作者应该是想告诉我们'光阴似箭，日月如梭'的感觉。"

"不错，还有什么意图吗？"

"应该是告诉我菊花开的季节，春天种，秋天开花。"

"好孩子，真不错，那他为什么不直接告诉你呢！"

"不知道，他故意的吧。就是留给我猜的。"

"呵呵，等你哪天能够猜出他的心思，你就可以成为小作家了。"

无话了，我鼓励小宝再读一遍，她一个人单独读。她没有丝毫犹豫，一个人摇头晃脑地读起来。

"妈妈，纯粹青春的叶子是什么叶子？"读了几句，小宝又仰头问我。

"纯粹，无杂质；青春，年轻。"

"我想也许是说很绿、很干净的叶子。"小宝似乎自言自语。

"应该是很健康的样子吧？"我补上了一句。

"妈妈，我闭上眼睛能够想象出那片叶子的样子，在太阳下放着光彩呢！"说着，她竟然摆出一副十分沉醉的样子来。

"妈妈，我爱上这朵菊花了。她还在臭美，穿绿衣服了给人看。你看，就这样。”小宝扯着自己的裙角，旋转起来。

“原来作文还能这样写，美丽的菊花可以不直接用美丽来写。”

“那开心的游戏，可以不直接用开心呀，写游戏的过程和小朋友的表现也可以体现开心。”

不知不觉，我们已经读了好几遍了。金色的阳光泼洒在窗台上，树叶的影子斑驳地在玻璃窗上摇曳，我们宛如坐着一叶小舟，在这凌波上荡漾。

伴儿读书岂止是引导小宝写作文，其实是在品读诗意的生活，乐享曼妙的亲情。

为何快乐

朋友经常问，为何你总是那么快乐？

我经常会因为一首悦耳的歌曲而驻足聆听，忘记空气的流动；

我也会因为一则俏皮的生活笑话而肆意地笑，忘记身边拥挤的人流；

我还会因为一段贴近生活接近现实的好文字而忘情地朗读，忘记周围异样的眼神；

我更会经常忘记带家门钥匙而静坐在楼梯间 3 个小时，不急不躁地看一本书，看一片云……

或许，我的快乐就来自我的没心没肺，源于这样活着全然不在乎的简单生活。

记得和同事去剧场看歌舞，“观众互动”环节时，主持人宣布需要招募两名观众演员，我乐颠颠地走上了舞台。那份激情参与的劲头，超过了和我一起被邀上舞台的另外一个看似年轻好几岁的女孩子。

我们上台模拟表演搞笑版“潘金莲”，正是潘金莲向武松表白的那一场。主持人一宣布，台下上千人哄堂大笑。

主持人宣布：“今天获胜者将有优先选择奖品的权利——一个大大树袋熊，一只小小的小白兔。”

随后，他又问：“你们为何有勇气上舞台演潘金莲？”

我说：“为了快乐，用我的快乐给大家快乐。”那个女孩说：“为了奖品，为了那个超豪华的树袋熊。”

台下依旧哄笑，笑翻了一片。

舞台上我很卖力。先仔细欣赏，再记出场顺序，记台词，最后上演。

欣赏版的“潘金莲”是戏谑的，要展现出潘金莲对武松柔情似水的爱慕和水性杨花的个性，“爱呀想呀”的台词重复多次，我大大咧咧的个性根本无法达到那种境界。只好自己临场发挥，胡乱去创造，只好给观众上演一个“斩钉截铁”版的“潘金莲”。

“二弟，我敬佩你。”

“哦，敬佩我什么？”

“敬佩你伸张正义，不畏强权的英雄气概，我愿死在你刀下。”这样演下来，让演对手戏的“武松”无法接茬。无语应对之时，干脆一刀挥下去，了结了这个宁死也不水性杨花的“潘金莲”。

结果我在“超分贝”的掌声中成了本场获胜者。

在台下千人的呼喊“树袋熊”的声音里，我选择了那只小小的小白兔，把那只大大的树袋熊留给了那位和我一起上台的女孩。望着她欣喜得红扑扑的脸，我的欢笑又增添了几分。

散场后同伴问为什么这样选择？

我笑而不语，他们应该知道了这就是我为何总是这样快乐的原因。

一夜箫声一世情

（一）

你是美的化身，从远古的武当山上来，带着峨眉道中仙人的风骨，飘逸清瘦。

你是情的语言，在久远的古龙、金庸笔下各男女大侠的义薄云天、侠骨柔情中传递，拥有诗情画意的出生，注定了你与天长地久的情缘相提并论。

你是爱情故事的代言品，常伴着一位有旷古奇功的绝世英雄上穷碧落下黄泉，为他的侠义宅心，以及英雄的爱情风雨兼程。

孤独时，你是英雄心里说不出的心声，用气息推动，如泣如诉的游丝，千里明月寄情思，你往往出现在“残阳如血”“清箫对冷月”的明月夜短松冈，潺潺流淌的小溪失去了往日的欢快，和着你的箫声殷殷呜咽。

相聚时，你是美人耳畔跳跃不停的欢笑，用眼神点燃，如火如荼的凝视，此时无声胜有声的缠绵。你往往出现在花前月下、大快人心的大结局之时，箫底系着的那串红穗子，就算是在只有黑白的世界里却也艳得耀眼。

你是主持正义的武器，你也是征服女人的武器。

正义与邪恶对抗，难解难分，危机时刻，你的清亮划破长空，扑朔迷离，声起刀落，箫声杀人，箫气杀人，一根竹箫走天下，名震四海，箫从此成了英雄的代名词。

英雄难过美人关，箫示爱，声传情，无字乐谱在心中，多少爱恨情仇在心中演奏，羞涩无语的表达胜过面对面笨拙的言语。临行前，清风明月夜，绣楼下箫声的召唤；误解时，暴雨猛烈中吹箫的无所顾忌；送别时，默默无语泪先流的芳心所许。一根竹箫，一缕青丝，在双手和腋下躲藏，在无通信和消息传递的年代里生死不离，续写了多少恩爱男女爱却不能爱，相聚总是离的遗憾和不悔。

“当青春吹动你的长发，让她牵引你的梦。”《雪山飞狐》的歌声伴着我不知不觉走过了一个世纪，一个梦中拥有箫的世纪。

（二）

在金庸古龙的描画中兜兜转转过了一个世纪，随着年龄的增长，我盲目的大侠情结、虚幻的江湖情趣渐渐远去，带着残余的“箫之梦”，我投向了新的追寻。

并不清楚“集结号”的魔力如此之大，炽热季节的某一天集结了一群追赶武林风的人在另一个世界中相逢了，偏偏疯狂的程度还不亚于当初的我，冷酷的表情很幼稚、冷峻的神情很吸引眼球、冷面无风的行动很夸张、冷血辣手样的 15 岁世界被渴望的真实和不自觉的纯真所扮演，我宛如一片落叶，在巨大的漩涡中再度迷失了方向。

侠义之士必会武术，必有个性的兵器，我们都选择箫，仗剑走天下的人多，仗箫行大道的英雄令人刮目相看，才情可想而知。我们从最简单的“少林五步拳”开始了习武之道。有气无力地出拳踢腿，装模作样地侧身劈掌，立不了一分钟的马步横挡，嘿哈嘿哈的虚张声势，被教练冠以“花拳绣腿”之名。“哪有你们这般学武之人，靠边站，别玷污了武术的美名！要学好先给我练习长跑！”

从即刻起，闻鸡起舞，穿着皮鞋跑上两圈，脚起泡，腿抽筋，要命，逃兵一个！

从明天起，黎明即起，再练，依旧是坚持不下来四圈，保命，逃兵一群！

身体的伤痛结束了狂热的大侠向往，就做个意念武林人吧，身怀绝技的勇士毕竟是凤毛麟角，武林盟主有且仅有一个。就以箫作乐吧，不能行侠仗义，拯救苍生，但可以击破芳心，魅力指数定能增长不少。等三分钟热度过去后，才看清原来一群追赶者中就我一个是异性。从此敛性收形，把箫抛向九霄云外，从我脑海中深深地剜去，永世不愿提及，永生不再念记。

我还是我，告别箫的日子却也风平浪静，少了波澜不惊的起伏，倒也相安无事，怡然自得。

（三）

是谁在我耳边说起，你有一支长箫，泛着哑光的咖啡色，你会在窗台用布很仔细地擦拭。

又是谁在我跟前说起，你擅长吹箫，灵巧的手指在洞箫的小孔间来回穿梭，低沉、凄美，婉转的曲子就会流泻在你周围。

还有谁在我面前说起，你喜欢冷月，但与武侠无关，只是喜欢用箫声对着明月，如歌如啼，诉说一份思念，表述一份真挚。

每每听见有人说起，我都会忍不住多看你几眼，一双清澈的眸子，一个干净利落的鼻梁，一张不轻易张合的嘴，那样静谧和谐，隐约有箫的影子在脑海里闪烁，是谁开启了我尘封记忆里的酒，那份从孩提时起就为箫而酿造的女儿红，此刻在幽幽溢香，只是我一直在拒绝开封。我在守候箫的凌空而降，谁又在为女儿红守候呢?

雨，密密斜织的雨丝朦胧了很多身影和很多心事。傍晚，雨转为大雨，校园里的人流稀疏了，偶尔走过的花样雨伞里的嬉闹，也淹没在雨打芭蕉的“吧嗒吧嗒”的几重唱里。雨让人心平静，雨亦在滋润万物的同时浇灌了不谙世事却又企盼一份奇遇的少男少女的心灵。懒懒地躺在宿舍里，伙伴之间的搭讪都懒得搭理，晚饭可以不吃，只喃喃自语说：“下吧，下吧！”雨后初晴的世界有蓝的天，绿的草，红的花，亮的玻璃，透着清凉的空气，泛着露珠的树叶，更多的是有安宁的心绪，彼此透明的感觉。好一场酣畅淋漓的雨！静了万事万物，静了浮躁，静了你我。

你的箫声如期而至，选择了思维最清醒的黄昏从天而降。洞箫声以它势如破竹的姿态穿透了雨幕，似一股不可抵挡的洪流涌进了耳里，注入脑里，淌进心里，让人顿生疑惑：此曲只应天上有，人间能得几回闻。

箫声，我一骨碌从床上坐起来，谁在吹箫，是他?

长了翅膀的箫声在我眼前不断回旋，脑中又浮现出那样一张干净的脸，一双修长的手，持一支清瘦的箫，挽着发髻盘着双腿坐在窗前，旁若无人地吹奏，箫声飞出了窗台，飞向了天宇，雨滴一点一点敲打在它身上，它依然执着地往前飞，箫音被雨着了色，在雨中声声低诉，似在负重匍匐而行，没有丝毫哀怨，它要飞，飞去它该寻找的那个落脚点。我的心房在那一刻倏地被击痛，箫的呼唤有几人在应和，又有几人在为它停住脚步。或许箫是在觅知音，为何在这般诗意的情景里还要执着向前，该是箫的主人在觅知音，只有懂他的人才会在这一刻倾心聆听他的心语。一首不知名的曲子用箫在雨里演绎得荡气回肠，在风雨里飘摇未定，在人心拥挤时轻言慢语。呆立在窗前，听那箫声忽远忽近，看那天边的云彩忽明忽暗，人不由得随着箫声的时高时低而无穷变化。一只，不，两只蝴蝶在风雨里追逐，长长的触角被雨水淋湿辨别不了方向，可翅膀没有停止过扇动，它们和着箫声在舞蹈。

一夜箫声一夜雨，该有不曾入睡的人，哪怕我，哪怕还有人？

（四）

请听独奏《杻凝眉》，毕业晚会的主持人一宣布，华丽的灯光暗淡下来，一袭白衣裤的他坐在了场中央。气定神闲，一招一式，不乏专业选手的水准。第一次这样近距离地听箫声，我又习惯性地闭上了双眼。

“我能请你一起表演吗？”等待中我听见了这样的邀请。

“我？”双肩不由得抖动了一下，“我不会吹箫。”

“我吹箫，你唱《杻凝眉》。”

“我不行。”

“你可以的，一定行。”

说话间我的手被轻轻握起，一股力量拉扯着我走上了舞台。

可是一切太突然，一贯大方的我手足无措，我只知道此刻我不属于我自己了，我是主角的邀请者。

不知道是怎样的开始和怎样的结束，当双脚踏实地站在自己座位前时，才恢复了些许知觉。鼻尖微微渗出的汗珠泄露了我的胆怯，语无伦次的表达让我不敢看一眼整个事件的“始作俑者”。我能感觉他那双坦白的眼眸在我心上注视，我无法回应，不敢回应。

不知道吗？我的箫声只为你！

可你如天上的缥缈云彩，我只好远远地观看，但愿你飘过我头顶时能看我一眼，给我片刻阴凉就够了。

最美的过程就是华美的结局，还没有开始就在接受告别，我始料不及。

汪国真说：“不是不想爱，不是不去爱，怕只怕，爱也是一种伤害。”我理解了这句话的深刻内涵，在那个还不懂爱的季节。

走在冬至的雨里

还没有丝毫准备就裸露着遭遇了腊月风，这场际会裹带着一团不敢迈步的火焰。近两月在好些城市的辗转奔波，让我失去了时间的脉络，模糊了日期的指向，只是在一个接一个的任务里从南往北，又由北向南，匆忙又充实；我的身体载着游离的灵魂在铁路上摇摇晃晃，在云层里迷迷糊糊，他们的契合还处在彼此需要中依偎取暖，并未如鱼水般游刃和亲密。这样浑噩的混沌意识里，我在友人的提醒中发出惊叹：“冬至了呀！”一梦醒来，才发现瑟瑟秋风淋漓着这一季最后的橙黄，凄凄清清地环抱满地落叶，回首作别。走在冬至的雨里，无防备的邂逅让长衫裹着身体在风雨里微酣，颤抖的除了身体，还有一颗始终跳跃和经常不安的心。

一直不知道黑暗藏在哪里，或者说黑暗的使者在哪里躲藏？他们会在某个时刻使坏，如宁静的午夜，忙碌后的黄昏，酒醒后的早晨……他让我睁着双眼却看不见任何色彩，那一刻的无助是空白。心里不再有相思的人、想做的事、想念的食物，或者渴望的某个身外之物。这种空是空洞，情无悲喜，心无起伏，人亦如一颗无心的洋葱，不再有真实的感觉，散失了感受存在诱惑的力量。这种“无存在感”经常生发出恐惧拷问我：你到底在寻找什么？

心灵叩问的回应是无言以对。我试图用回归去寻找他，去找年少曾经有过的雨中漫步，水中放纸船的纯真之气；企图用回忆去唤醒他，工作之始那份“初生牛犊不怕虎”的无所畏惧；希望用文字去激活他，豆蔻年华激情投入情感热恋时的那份执着不弃；妄想用物资来刺激，费尽周折去购得用钱可以换来的奢侈品；也曾约三两闺蜜一醉方休，可换来的仅仅是片刻的解脱，或者事后清浅一笑，心底那湖澄净的水依旧没有波折。我想生命的沉寂应该就是心的漠然，无视一切的眼睛，无言应对一切的心情，无悲喜看待得失的生命体征。

偶然跟朋友聊起我的“漠然”和他对当下的渴望，他说，看小说会和人物共悲喜，听音乐会有泪奔时刻，参加婚礼时会因别人的甜蜜而感动，他还深情地回忆孩提时对村里油炸坊里芝麻饼的渴望，偶得一点芝麻饼会攥在裤兜里，藏在枕头下，嗅嗅香味、舌尖舔舔就心满意足了。坐在旁边，他的神情始终是淡淡的，嘴角无笑意，言语也无抑扬顿挫，只是淡淡在回味，慢条斯理地讲述一桩又一桩的往事。车里谭咏麟《说不出再见》的乐曲在那一刻倾情演绎，他亦小声地哼唱，随后淡淡地讲出他与这首歌的缘分，年轻时的疯狂，描述中无大悲大喜的起伏，朴实无华的句子就如微风拂过脸颊，有温柔的触觉却没有带来情绪的变迁。阳光从车窗缝里溜进来闪耀在他的鬓角，伴着我从容地分享一个“淡定却依旧不漠然”的生命的故事。那一刻，在飞驰的车里，我仿佛就看到他在不惑之年拿到儿时那块芝麻饼时，依旧淡淡地嗅嗅，轻轻地放在齿间；我也突然抚摸到经常为“空洞”恐惧的心脏猛然地悸动，我的无悲无喜是否正如他的淡定和从容的开始呢？只是我还未达到他所拥有的那个境界。

透过夜幕，看见道路两旁灯光下怒放的木芙蓉，朵朵旁若无人地、我行我素地绽放，她的绰约因风起，摇曳自如，那份踏实和从容只是在路人或有或无的眼光里。其实，花总在自我的世界里平静安宁地生长。或许那片花瓣，那个花蕊，从未有过渴望，也从未在意过是否有过漠然，只是迎着季节开放。不知道从何时开始，我的生命轨迹发生了变化，无论忙累以何种理由和何种方式呈现，我都会在办公室或者书房里，静静地看几页书，记下百来字的笔记或者写下更多字数的感悟，否则心中会很不安，会感觉到心被揪扯得生痛，我惊讶这份“疼痛”，更惊喜拥有这份感受。因为害怕这种疼痛，我和夜晚的相约变得惬意闲适，夜幕遮帘，隔断华灯初上的喧嚣，那段时光的脚步是轻轻悄悄地。北京一个月，除了讲堂里博采众长，就是灯下自我学习和反思。繁华之都，美景美食，大好山川的诱惑不再是心底渴望，难得有的疼痛是“不负我心”的践行，是自得其乐的改变，是不再漠然的开启。

昨夜，晚7时，冬至，我走在那场雨里，腊月风雨的飘摇带来了凛冽的疼痛，冬的零点带来了头脑地清醒。冷，是体表持续的深刻；去迎接冷，是心的宣告。冬至的风雨在我的意气风发、飘飘然然几乎破壳而出之时，用湿漉漉的裙角真切地昭示我的真实存在。是的，疼痛是存在，清醒是存在，从容是存在，淡定更是存在。我不会再去乞求季节的回环，物竞天择是必然，周而复始是必然，可人生丰盈在自我，淡然应对在自我，平静无求在自我，从容优雅在自我……我不需要歇斯底里，不需要哭天抢地，不需要在获得和失去时的悲喜忧乐，一个淡然从容的人，往往会发觉刻意追求的越来越少，就如路边那些花儿，只是安静地存在，自我无言地活着，悄然无声地绽放。

那株无名树

客厅里的一簇绿，是株无名树。

她是我从十几里外的花圃里“感觉”回来的。土黄色的躯干上歪斜着无数鱼鳞状的斑痕，深深地嵌进她的躯体，仿佛是艺术家的写意手法，每一片片叶鱼鳞般叠次，颜色黛青，深浅不一，泛着亮光，恰如黑暗中睁大的眼睛，透射出一种欲望——诉说孤独与渴望。我打开眼帘的第一瞬就和她那睁大的眼重逢。我寻找，她等待，每时每刻。育花人说：“你喜欢她。好多年了，却从没有人注意她。”我没有向他表达我的感觉，我的双手却不由自主地上前环抱，我隐约听见树干里沉睡了很久的欢笑，一个在花圃里孤独了好多年的生灵被我唤醒，但我感觉到我们的两相情愿。

从此，她落户在我家客厅。

一周只有一次机会去照顾她，浇水，吸尘。但我更愿意在清风徐徐的午后端杯清茶，翻开书页，音乐缭绕，倚靠在她粗壮的枝干旁，享受闲适和从容走过的时光。阳光旖旎，点点斑驳流泻在我们的身上，微风偶尔拂过她的身体，她轻轻摇晃，似嬉笑躲避，这样的嬉戏该是她最初快乐的源泉。她的手指总会不小心触及我的手臂，我的微笑从心底荡漾到嘴角，缓缓抬眼瞧她的骚扰，也只有这时我才能从书本上移开视线，去看她永远睁着的眼睛，去琢磨她的躯干，她的孤独。不明白她简单利索的枝干却顶着一头稠密的叶子，细小的虬枝从她的头顶斜伸出来，巴掌状的叶子一片紧挨着一片，一直簇拥在枝丫的底端。

倘若稍走远些，再看，便似一个靓丽青春的少女，顶着蓬松的短发在客厅里旋转跳跃着芭蕾舞步，你不得不慷慨地对这时的她说：“可爱的，你真是树中之奇！”曾经和她对视了很多次，总不明白她为何不如垂柳样流苏般垂泻在四周，不如桂树那样暗香浮动，不如松竹那样有与人夸赞的气节。然而，她从不为所动，并不在乎他人的喜好，她是个性的、兀立的。或许，她始终的孤独就因为不去“迎合”。

有位朋友到家后，很奇怪这棵树的存在，直言不讳地问：这棵树难看至极，干吗养在家里？我问：难看在哪？她说：树干直挺挺，伤痕累累，一个个黑洞洞吓人，叶子还怪怪的只朝上。“难看”不代表浅薄、庸俗，她的伤痕、朝上、黛青正是她的历练、坚韧和不懈，我尤其敬重她——最是沧桑起风情，这种风情源于孤独地承受，来自挫折的历练，贵在永远向上。只有努力了、战胜了、释然了、放弃了，才会明白现在拥有的弥足珍贵。

我与《唤醒》的不解之缘

我与教育的遇见是在三生石前早就注定的。

记忆中，教师的形象是高中毕业后做民办教师的父亲勾勒出来的。他白天教书，晚上温书，然后于书里某个人的好才华、大智慧津津乐道；逢假期进修，他每每回来后，就对教师进修学校里某位老师的好本事、好品德赞不绝口。

父亲最喜欢去田间地头，找那些因为贫困或者调皮厌学的孩子聊天。和风细雨几句话就可以让调皮的孩子服服帖帖，厌学的孩子又回来了。他时常为贫困的孩子垫付学费。人微言轻的身份，波澜不惊的工作，却有化腐朽为神奇的力量。

每次和他谈及这些事，他只是说："劝回一个人接受教育，就能拯救一个农村家庭，我们该做。"说这话时，他的眼中总熠熠闪亮着一束光，那光里有对读书的渴求，对职业的爱惜，对美德的崇尚。

耳濡目染，我生命的原点被父亲悄然植下"当教师好"和"读书的滋味无法比拟"的认知概念。在初中毕业选报志愿时，毫不犹豫地填写了师范。师范毕业后，我又选择回到了农村小学工作。从最初被父亲的好书行为和对职业的忠实虔诚所吸引，驱使我去接触书，去积淀职业资本，到后来体验到读书的愉悦激发了兴趣，再到自然而然地进入书的世界深入领悟，不可分离，这个过程伴随着年龄漫长叠加却也水到渠成地走到今天。在20世纪80年代末期和90年代初期，书籍严重匮乏，我向身边的老师借，到学校图书柜中搜，抢读父亲进修的课本。好不容易进一次城，最开心的是去书店买几本心仪的图书。家里经济条件一般，但买书籍父母从不拒绝。我到操军合丰小学当教师的第一个星期，父亲骑着自行车行使30公里路到学校来，不是为了看我，而是为了跟我的领导交流，告诉他们我有哪些不足，需要他们来引导。我想，正是父亲内心深处对职业的敬畏和对读书的向往唤起了我的渴望，他用一种积极引导的方式，暗示我不断去完善，然后把读书和工作变成生存的砝码，变成生命的需要，变成生活中最舒适的存在方式。从参加工作起，直到今天，除了教育专业书籍，我还一直订阅《十月》《人民文学》《收获》《今古传奇》。从参加工作起，我一直钟情我的职业，热爱我的工作，好几次有跳槽转行的机会，我都没有动摇。我也如父亲那般，酷爱阅读，喜欢思考，崇尚品行，修为自我。父亲的这种唤醒和传递，是耐心的、有序的。我确定，作为新时期的教师，我也可以做到，用自己的力量和人格种下初心，用一种能打动人的方式去影响一些人，唤醒一些人本真的美好。

马克思说过，教育绝非单纯的文化传递，教育之为教育，正是在于它是一种人格心灵的唤醒。我以为，这种心灵触碰、灵魂摇动，并不仅仅只是对学生的唤醒。

我有过很特别的遇见。在某个乡镇中学任校长时，曾遇到过一个被同事们称之为“怪老头”的老教师。上大学的女儿意外身亡让他对世事激愤，个性尖锐，大家想接近却难以接近。我能明白他心中的苦楚，更能体会他张开满身的刺来保护自己怯弱的思想。我把这份心疼诉于家人，他们同意去温暖这个老人，帮助他打开心结。春节我们一家人去拜访他，就像女儿女婿回娘家；学校活动时，我把女儿托付给他照顾，孩子欢欢喜喜叫他外公；我工作中有难处时，主动向他请求帮助；帮他申请到困难补贴，我冒着大雪送到他手中。在得到理解、被人尊重与被人需要的环境中，他终于放下了肩头多年的重担，释放了自我，安宁了他人。这位老人让我真切感受到人性的自然属性——自由、平等、博爱、善良等美好秉性，但在社会进展的矛盾和世事不公的遭遇中偶尔会偏离航道，隐藏人的真实，关闭心灵相通的闸门。唯有融入爱与被爱，尊重与被尊重，方能唤醒沉睡的秉性，打通堵塞的任督二脉。我带着真心试着去理解了，尝试着去沟通了，用情去做了，让社会人回归了自然人本该有的样子，获得了再次接纳。这种唤醒，源于我们对人的尊重和理解，源于工作和生活的需要，源于人性本善的初心，因此，唤醒的过程中的每一位参与者都觉得愉悦而温暖。

陶行知先生说过，教育应该肩负起用大爱精神将内心深处的善传递下去。做一位有思想的人，用自己的思想去唤醒另外一种思想。我想，陶行知先生提到的善，不仅仅是诸多美好秉性的集合，还有生活创造过程中的各种技能，以及精神领域的各种美。或许，明确一种理念，植入思维导向，只需要有过须臾的亲身经历，有过震撼的片刻，就能让人顿悟，但唤醒的实践过程却是扑朔迷离、难以把握的。

知行合一的德育工作是我最初实践探索的开始，我知道小学教育应该立足于习惯养成和兴趣培养，继而提升素养、锻造品质，所以对学生的养成教育我很重视。但在经历一番说教、制度管理、量化评比工作实践后，我陷入了一抓就做、不抓就息、后续变本加厉的无奈境地，体验到了事不关己的无责思想，处理过“他做了，我为什么不可以的”学坏样事件。静心思考，要实现良善治理，不能只有命令式的、程序化的规定要求，还需要关注人文环境的营造，更需要点燃师生成长的精神需求，把教育的需求转化为每个人成长的需求，转化为每颗心灵滋养的自我需求，如此方能奏效。这种转化过程，就是唤醒的过程，不能急功近利，不能过于操切，更不能浅尝辄止。

在从事学校行政管理工作中，我尝试着从课程与需要、活动与素养、评价与长效三个层面解决养成教育问题。第一个层面开设礼仪课，让孩子在课堂里学会日常生活规则和生活基本礼仪，明确“不学礼、无以立”的重要性，传递“彬彬有礼、谦恭有为”的目标要点在哪里，以此解决为何做的问题。第二个层面设立礼仪节文化活动，让素养在亲身体验中得以强化，比如体验环卫工人一天的工作，感受艰辛的过程，明确垃圾分类的必要性和方法，以此解决怎么做的问题。第三个层面以“七彩阳光星级少年”评定和“四雅之星”评选活动为舞台，开展年级段文明礼仪过级考核，褒扬榜样，树立正确价值观，打造优雅校园环境，塑造儒雅教师，培养文雅学子，让优秀成为一种习惯，以此呈现好好做的价值所在，找到持续不断进步的诀窍，铸就“心儒雅、品自芳”的精神境界。

这个唤醒的过程我们已经坚持了5年，总结所获，不仅仅是师生在行为上的改变，还彰显在其气质里，浸润在其骨子里。由此，我们成了没有垃圾桶的学校，我们成了国际生态学校，这一切荣誉无关功利，却关系着人类的未来。五年磨一剑并非是慢工磨出细活，只是告诉我们——教育是让美苏醒的过程。这个唤醒的过程是缓慢而细微的，需要沉潜，需要积淀。所以，当学校第二个五年规划开始时，我把教育理念由原来的“共享阳光、幸福成长”细化为“阳光生命，和煦慢养”，后者更强调了培养什么样的人，以及对培养方法和途径的界定。

卢梭说过，我们的教育是同我们的生命一起开始的。教育的过程和生命的成长一样，是一个慢活，是润物无声的过程。而慢，是高度的自信，是一种高智、随性、从容的应对方式，只会让你更智慧、更优雅、更幸福。因为只有慢，才能让我们不急不躁，不选择以揭疮疤的方式去唤醒；因为只有慢，我们才能细致入微地发现唤醒过程中可能存在的漏洞，及时修复；因为只有慢，才能让我们聆听到枝头春意闹的热烈，才能守着本真的灵魂负责任地施以教育。这是对生命的尊重，也是对自我价值的不辜负。

每个人的历程不同，给人留下的思考也不同。我将教育实践、感悟和反思综合成一本集子，只是一种纪念、一个小结。纪念前20年的教育生涯的美好，小结这20年我坚持了什么，又改变了什么，承接我还有的大半辈子，该继续做点什么。

感谢我的父亲母亲，用师者风范牵引我热爱事业；感谢一直特立行走的范志福先生，唤醒我的教育思想；感谢始终有着教育疼痛感的刘创先生点拨我，激励我；感谢马鞍山实验学校以贺偃军老师为代表的教师团队帮助我；感谢湖南教育出版社的倾心付出。所有亲近的人与事，都将是我与教育盛大遇见里最丰富最营养的分子，滋润我、丰腴我，让我有力量再向前。

周艳于2017年10月8日

图书在版编目（CIP）数据

唤醒：一个小学校长的教育札记/周艳著.—长沙：湖南教育出版社，2018.2（2019.6重印）
ISBN 978-7-5539-6024-1

Ⅰ.①唤… Ⅱ.①周… Ⅲ.①小学教育—文集 Ⅳ.①G62-53

中国版本图书馆CIP数据核字(2017)第324527号

HUANXING - YIGE XIAOXUE XIAOZHANG DE JIAOYU ZHAJI
唤醒 - 一个小学校长的教育札记

周 艳 著

责任编辑 李 欣
责任校对 丁泽良 胡 婷
出版发行 湖南教育出版社（长沙市韶山北路443号）
客　　服 0731-85118546
经　　销 全国各新华书店
印　　刷 长沙金鹰印务有限公司
开　　本 787×1092 1/16
印　　张 19.5
字　　数 246 000
版　　次 2018年2月第1版
印　　次 2019年6月第2次印刷
书　　号 ISBN 978-7-5539-6024-1
定　　价 69.00元